JN107151

マクロ経済学入門

［補訂版］

吉 田 良 生 　著
鈴 木 雅 勝 　補訂

成 文 堂

補訂版　はしがき

　この度，吉田良生先生の著書『マクロ経済学入門』を補訂という形で刷新させていてだきました。マクロデータを補充し，日本経済・財政の高度成長期からの変遷が視覚的に理解いただける様に工夫しました。また，用語の説明を補充し，さらにまた，「トピック」という形で，日本経済・財政の現状をうたってありますので，学生諸君の理解が深まるものと考えております。

　吉田先生は，椙山女学園大学現代マネジメント学部在職中の2016年9月20日，ご闘病の甲斐なく，悪性リンパ腫にて岐阜市民病院にて逝去されました。吉田先生は，いつも「理論に忠実に」，「理論で語らしめよ」と"理論の大切さ"を語っておられました。理論を軽視して学問を語ることはできません。経済学の理解を深め，社会に出て現実経済を読み解き，企業戦略を立てる上で，マクロ経済学の理論は基幹をなすものです。学生諸君が，本テキストを片時も手放さず，擦り切れるまで学修され，知性高き，平和日本の有用な社会人にならんことを期します。

　最後に，実際にテキストを補訂してみますと，テキストを分かり易く書くことの難しさ—理論の重要性と文章力の大切さを痛感させられます。補訂にあたり，成文堂の阿部成一社長と編集部の飯村氏には多大なご指導をいただきました。ここに謝意を表します。

令和元年11月　　　　　　　　　　　　　　　　城西大学経済学部

　　　　　　　　　　　　　　　　　　　　　　鈴　木　雅　勝

初版　はしがき

　この本は大学に入ってはじめて経済学を勉強する人のために書かれた教科書である。従って「わかりやすく」を常に念頭におきながら書き進めた。さらに言えば，今日マクロ経済学を志す者が必ず読まなければならない標準的教科書であると思われる中谷巌『入門マクロ経済学』日本評論社とポール・クルーグマンとロビン・ウェルス『マクロ経済学』東洋経済を読む一歩前の段階の教科書であるように心がけた。教科書のなかにはいちいちの注釈はしていないが，上記の2冊を座右においてできるだけ対照的になるように心がけてきた。本書を学んだ後は是非ともこの2冊を読んで欲しい。

　われわれを取り巻く経済環境は大きく変化している。長期的には「超」がつくほどの高齢・人口減少社会，グローバル化，環境・エネルギー問題などこれまでの経済システムを変革しなければ解決が不可能な問題に直面している。当面する問題も深刻である。財政赤字を解消するにはどうすればよいのか，若者の失業問題が非常に厳しくなっているがこれまでの雇用対策だけで解決できるのか，社会保障制度は維持できるのか，などなどこれまで大切ではあるが空気のようにほとんど気にしなくてもよいほど安定していたが，これらの問題解決への道筋をつけないかぎり日本経済は発展と安定に向かって舵をきることができないところまで追い詰められている。

　われわれは多くの問題に直面しているが，これらはひとつひとつ独立に起こっているのではない。相互に密接に関連しながら歴史が作られているのであり，歴史は問題をより複雑により困難にしているようにみえる。経済学は複雑化した現代経済を腑分けしてそれぞれの関連性を整理

して全体像を認識できるように再構築することを目的にした学問であり，その基礎を学ぶことによって学生の思考は当面する問題を解決しながら長期の問題にも及ぶようになる。

　本書は旧著『マクロ経済学入門』を全面的に改定したものであるが，その際前著ではほとんど言及しなかった長期の問題にも言及するようにした。具体的には長期の視点を入れた消費関数の問題，失業問題，経済成長の問題，財政赤字の解消の問題などである。残念ながら，経済学はこれらの問題を一刀両断するような解決策を見つけてはいない。経済学は問題解決に向けて紆余曲折を経ながら進歩し発展して行くであろうが，学生諸君には経済学の基礎を学ぶことで経済問題の中心的課題がどこにあるのかを意識して欲しい。

　本書の構成は旧著の足らざるを補完するように心がけたが，その際私のゼミ生でもあった若き研究者鈴木雅勝（名古屋市立大学研究員・㈶中部産業・地域活性化センター研究員）氏と幾度となく議論しながら組み立てた。文章の責任はすべて吉田良生にあるが，鈴木氏からは共同作品といってよいほど多くのかつ貴重なアドバイスをいただいた。この場を借りて心からの謝意を表したい。

　なお，本書を上梓するに際しては成文堂の阿部耕一社長と編集部の本郷三好氏には計画段階から大変お世話になりました。最後に心よりお礼申し上げます。

　平成 23 年 4 月　　　　　　　　　　　　　　　吉　田　良　生

目　　次

第1章　国民所得とは

はじめに

　この章の目的は，われわれが「日本は経済大国である」とか「日本は長い間世界第2位の経済大国であったが，中国に抜かれて第3位になった」と言うときの経済の意味を考えることである。言い換えれば，一国の経済規模はどのように計算されているのか，その考え方と計算方法について考えることである。

　経済とはわれわれが社会生活をするうえで必要な生産・分配・消費の過程で起こる社会的関係のことである。すなわち，労働者は労働という形で，金銭的な財を有する者は資本という形で生産活動に参加する。生産活動は付加価値を作り出す。その付加価値は賃金として労働者に，利潤として資本家に分配される。賃金や利潤は家計の所得であり，家計はその所得をもって生活に必要なものを買って消費する。一国の経済規模とはこの生産によって産み出された付加価値の大きさである。たとえば，「日本の2017年の経済規模は約545兆円である」というときのこの545兆円は日本経済が2017年に産み出した付加価値の大きさなのである。

　では2017年の経済規模545兆円はどのように産み出されたのか。それを研究するのがマクロ経済学の主たる目的であるといってよい。経済学は需要と供給を分析する学問である。必要なものを買って消費する行動を需要行動（消費行動）と言い，ものを作って売る行動を供給行動（生産活動）と言う。ミクロ経済学は消費者と企業の合理的な行動原理を前提にして消費量や生産量がどのように決定されるのかを分析する。マク

ロ経済学は集計量すなわちすべての個人，すべての企業を合計した行動
特性について分析する。本書は後者の視点にたって「2017 年の経済規模
545 兆円」がどのように産み出されるのか，そのメカニズムを理論的に
説明する。具体的なメカニズムについては第 3 章以降で説明することに
して，この章では生産活動の結果として産み出された価値を計算する方
法について説明する。具体的には**国民所得統計**と呼ばれる経済統計の基
本的な考え方と具体的な計算方法について説明する。

第 1 節　産出額，中間投入，付加価値，最終生産物

　市場経済は現代社会の基礎になっている。では市場経済とはなにか。
自給自足経済と比較するとわかりやすいだろう。自給自足経済とは生活
に必要な衣食住のすべてが自分自身あるいは家族によって生産され，消
費される経済である。それに対して市場経済では生活に必要な衣食住の
多くを他人が生産した財やサービスを市場から商品として購入して，消
費する経済である。自給自足経済と異なるのは，市場経済は生産する人
と消費する人が分離した経済であるという点である。

　市場経済において生産し供給するのは企業である。一国内で生産され
た価値が一国の経済規模であるとするならば，個別の企業が 1 年間に生
産し売り上げた額を国内にある全ての企業について集計した合計額が一
国の経済規模になる。企業経営の視点からすれば，売上高が企業規模を
測る最も一般的な尺度であろう。しかし，この尺度は経済学的には問題
がある。売上高の合計では経済規模を正確に測定することができないか
らである。それはどうしてなのか。この節ではこれを考えてみることに
しよう。

　説明を簡単にするために，農家，粉屋，そしてパン屋という簡単な事
例を用いて説明する。その事例の概要については**図 1-1** に示してあるの
で，以下この図の流れに従って説明しよう。

図 1-1 産出額，中間投入，付加価値，および最終生産物

　(1)　農家は 100 キロの小麦を生産するとしよう。単純化のために肥料も種もなしに穫れた，すなわち小麦生産の費用はゼロであったと仮定する。農家はそれを 1 キロ当たり 3 万円で粉屋に売却して 300 万円の収入を得たとすれば，この 300 万円の収入は農家の売上高である。売上高から費用を差し引いた残りは**付加価値**（＝売上高－費用）であるが，この農家の場合仮定によって生産費用はゼロであるから，売上高の 300 万円が付加価値である。

　(2)　粉屋は農家から仕入れた小麦を小麦粉に加工して，それを 600 万円でパン屋に売ったとしよう。この段階で小麦はこの世の中から消えて小麦粉に形を変えていることに注意されたい。売上金 600 万円のうち 300 万円は農家に原材料代として支払う部分であるから，残りの 300 万円が粉屋の付加価値である。

　(3)　パン屋は粉屋から 600 万円で買ってきた小麦粉を使ってパンを 9 万個生産したとしよう。ここで小麦粉はパンに形を変えているのでこの世にはもはや存在しないことに注意されたい。パン屋はそれを一個 100 円で売ったとしよう。9 万個を 100 円で売るので，売上金は 900 万円である。このうち 600 万円は粉屋への支払いに充てられるから残りは 300

企業1	売上高 − 原材料費 ＝ 付加価値	＝ 賃金総額	＋ 利潤
企業2	売上高 − 原材料費 ＝ 付加価値	＝ 賃金総額	＋ 利潤
企業3	売上高 − 原材料費 ＝ 付加価値	＝ 賃金総額	＋ 利潤
· · · · ·	· · · · ·	· · · · ·	· · · · ·
企業n	売上高 − 原材料費 ＝ 付加価値	＝ 賃金総額	＋ 利潤
合計	産出額 − 中間投入 ＝ 国内総生産	＝ 雇用者所得	＋ 営業余剰

図 1-2　産出額，中間投入，そして付加価値

万円である。この 300 万円はパン屋の付加価値である。

　以上，パンの製造過程をみてみると最終的に価値として残ったのは 9 万個のパンの生産額 900 万円だけである。この 9 万個のパンは最終的に消費者が消費することができるという意味で**最終生産物**と呼ばれる。ここで注意してもらいたいのは(2)と(3)で注意したように小麦や小麦粉はパン製造の原材料として投入されてパンに加工されたので存在していないということである。農家と粉屋とパン屋の産出額を合計した 1,800 万円には粉屋の原材料費 300 万円とパン屋の原材料費 600 万円が含まれているが，原材料はもはや存在していないので差し引かなければならないのである。従って，**製造過程での付加価値の合計は最終生産物の価値に等しくなる**。

　理論的に単純化して言えば，一国の付加価値の合計が国民所得である。一国の企業数が N 個あるとしよう。各企業の売上高と原材料費と付加価値を**図 1-2** のように並べて合計してみる。国民所得統計では売上高の合計は産出額，原材料費の合計は**中間投入**，そして付加価値の合計は**国内総生産**という。賃金総額の合計を**雇用者所得**，利潤の合計を**営業余剰**という。この図から分かるように国民所得を増やすには企業の数を増やすか，**付加価値率**（＝付加価値/売上高）を高めるしかない。

第 2 節　国民経済計算：GDP と GNI

　国民所得の基本的概念は以上みたとおりである。わが国では内閣府が
この統計を作成している。その結果は『**国民経済計算年報**』に公表され
ている。この節では主としてこの統計の見方を説明する。

　1 年間に新たに作り出された付加価値の合計額はマクロ経済学では国
民所得と呼ばれているが，内閣府の国民所得統計では**国内総生産**（Gross
Domestic Product の頭文字をとって GDP）と呼ばれている。これは理論と
実際との間にいくつか問題が起こるからである。このことについて，
2017 年の GDP を事例にしながら，以下 4 点を指摘しておきたい。

1．「統計上の不突合」と GDP

　付加価値は産出額から中間投入を差し引いた額である。ここで産出額
とは企業の売上高，中間投入とは原材料費と考えてよい。個別企業ごと
に計算された付加価値を合計して GDP を推計する。しかし，実際問題
として個別企業から正確な付加価値額を集計することは非常に困難な仕
事である。なぜなら，①企業の数は膨大であり，政府はそのすべてを把
握しているわけではない，②推計している間に倒産・廃業する企業もあ
るだろう，③逆に，新しく起業する企業もあるだろう，④企業は正確な
会計情報を報告しないかもしれない等，技術的な問題がある。そこで，
推計にともなう誤差は避けられないものとして，統計学的に処理した上
で国民所得統計は推計されている。この誤差は国民所得統計では「統計
上の不突合」として推計されている。2017 年の国民経済計算年報では
GDP は 545 兆円で，「統計上の不突合」は 0.38 兆円であった。

2．税と補助金

　実際の経済取引には消費税のような**間接税**が課せられている。たとえ

ば，100 円の商品に 10%の消費税 10 円が課されている場合，この 10 円は本来であれば政府が徴収すべき金額であるが，企業が代わりに徴収して後日政府に納める。企業が会計処理するのは消費税を除く売上高であり，ここから付加価値を計算する。しかし，実際の取引で消費者が支払うのは 110 円である。従って，企業会計の付加価値にはこのうち消費税分の 10 円は含まれておらず，取引金額は過小に評価されていることになる。この過小評価を避けるためには国民所得統計に間接税分だけ加える必要がある。

　逆に，商品やサービスのなかには，特に公共性の強い商品やサービスには政府から**補助金**が出ている場合がある。たとえば太陽光発電に対する補助金である。企業会計では実際の取引で得た売上高のほかに政府からの補助金という収入がある。たとえば，100 円に対して 10 円の補助金があるとすれば，企業は補助金分だけ価格を下げて 90 円で販売しているはずであるから補助金の部分を除かなければ実際の取引金額にはならない。

　このように間接税を加算し，補助金を控除した国民所得は「**市場価格表示**」と呼ばれる。2017 年の国民経済計算では税は「生産・輸入品に課される税」として 46 兆円が加算され，「補助金」として 3 兆円が控除されている。また，「市場価格表示」から（間接税－補助金）を除いた国民所得は「**要素費用表示**」と呼ばれる。

3．「総（gross）」と「純（net）」

　この他に考慮すべき項目として固定資本減耗がある。複数期間にわたって利用される設備の処理の問題である。資本設備は複数の**会計年次**にわたって利用されるが，企業会計上の資本設備支出は新たに設置した年次とそれを更新する年次にだけ発生する。企業会計では資本設備投資額を設置の年から更新するまでの期間にこの支出を按分して処理している。これは企業会計では**減価償却費**と呼ばれるが，国民所得統計では**固**

定資本減耗と呼ばれている。GDP からこの固定資本減耗を差し引いた
ものは**国内純生産**（NDP，Net Domestic Product）である。2017 年の国民
経済計算年報をみると，固定資本減耗は 121 兆円である。

　以上（1）から（3）を考慮した後の 2017 年の付加価値は（国民経済計
算では「雇用者報酬＋営業余剰・混合所得」*である）381 兆円である。

4．GDP と GNI

　GDP は「日本の国内で生産された」付加価値の合計額のことである。
それが外国人によって生産されたか，外国資本の企業によって生産され
たかは問題にしない。重要なのは日本の国土のなかでどれだけの付加価
値が生み出されたのかを表すことである。しかし，外国人が日本国内で
仕事をして稼いだ所得は一部は本国に送金されるだろう。外国企業は日
本国内の子会社で稼いだ利益の一部を本社（母国）に送金するだろう。
こうして外国に送金された付加価値の部分は日本から外国への所得の流
出である。逆に，日本人が海外で働いて稼いだ所得の一部を国内に送る
とか，あるいは日本企業が海外で稼いだ利益を日本の本社に送ると，そ
れは日本国内で生産されたものではないが，日本人の所得あるいは日本
企業の利益を増やすことになる。従って，この海外への送金を除いて，
海外からの送金を加えると，単純に言えば，「日本人あるいは日本企業が
1 年間に国内であるいは海外で稼いだ所得」ということになる。

　この海外からの所得の流入から海外への所得の流出を差し引いた金額

---

　*営業余剰・混合所得：営業余剰・混合所得は，生産活動から発生した付加価値の
うち，資本を提供した企業部門の貢献分を指すもので，制度部門としては，非金融
法人企業，金融機関，家計の三つの部門にのみ発生する。生産に使用した固定資産
から発生する固定資本減耗を含む場合は（総），含まれない場合は（純）として表記
される。
　営業余剰（純）は，生産活動への貢献分として，法人企業部門（非金融法人企業
と金融機関）の取り分を含むとともに，家計部門のうち持ち家分の取り分も含む。
一方，「混合所得」は，家計部門のうち持ち家を除く個人企業の取り分であり，その
中に事業主等の労働報酬的要素を含むことから，「営業余剰」と区別して「混合所得」
として記録される。

は国民所得統計では「**海外からの要素所得（純）**」と呼ばれている。GDP
にこれを加算した額が**国民総所得**（Gross National Income の頭文字をとっ
て GNI）である。なお，以前はこの国民所得勘定は**国民総生産**（Gross
National Product の頭文字をとって GNP）と呼ばれていたが，これは生産
というよりも所得とする方が適切ではないかという批判に応えて GNI
と呼ぶように変わった。2017 年の国民経済計算年報をみると「海外から
の要素所得（純）」は 19.9 兆円であるから，GDP にこれを加えた額
565.1 兆円が GNI である。

　さて，一国の経済規模を表す国民所得*の指標として GNI と GDP の
どちらが有用だろうか。それは使用目的に依存する。たとえば，家計の
消費動向を知りたいというのであれば，消費量は所得との関連性が強い
と考えられるから GNI の方がよいだろう。また，失業や雇用の動向を
知りたいのであれば，雇用量は国内での生産量と関係が強いから GDP
の方が適切である。

第3節　生産国民所得・分配国民所得・支出国民所得

　国民所得統計は一国の経済力や所得水準を知るための統計指標であ
る。しかし，これ以外にも重要な情報を提供している。第一に，生産さ
れた国民所得が国民にどのように配分されているのかを知るための資料
としても利用できる。ただし，個人の収入がどれだけであったかという
よりも労働者にどれだけ，資本家にどれだけ配分されたかという所得分
配に関する情報を提供することができる。第二に，経済予測をするため
の資料でもある。たとえば，将来の個人消費がどうなるのかを予測する
ための情報を提供することができる。国民所得統計はそれぞれの目的に

---

*国民所得：マクロ経済学において Y で表記される国民所得とは，GNI（国民総所
得）から固定資本の減耗分を差し引き，そこからさらに間接税を引いて補助金を加
えたものである（＝GNI－固定資本減耗－間接税＋補助金）。

沿うように生産面，分配面，そして支出面の3つの局面から推計されており，それぞれ生産国民所得，分配国民所得，そして支出国民所得と呼ばれている。それぞれ次のように規定されている。

(1) **生産国民所得**：これは生産面からみた国民所得であり，個別企業が生産した付加価値額を合計したものである。いわば，企業の供給行動の結果を国民所得統計としてまとめたものである。なお，生産国民所得の推計方法についてはすでに第1節と第2節で説明してきたところであるので，思い起こしてもらいたい。

(2) **分配国民所得**：これは所得分配面からみた国民所得であり，付加価値が賃金と利潤にどのように分配されたのかを示す。なお，会計上は付加価値から労働費用として雇用者に分配された部分を差し引いた残差が**利潤**であるので，国民所得統計では前者を雇用者所得，後者を営業余剰と呼ぶ。なお，分配国民所得に関連して次の2点を注意してもらいたい。第一に，消費税等の間接税の取り扱いである。間接税はすでに説明したように企業が政府に代わって徴収する税である。従って，この部分は労働者の所得でもないし企業の利潤でもない。政府の収入になる。正確に言えば，**雇用者所得と営業余剰だけでなくこれに間接税を加えた金額が分配国民所得になる**。第二に，寄付による所得移転と**キャピタル・ゲイン**＊の取り扱いである（**図1-3**参照）。国民所得はあくまでもその期の生産活動を通じて生み出された所得であり，寄付等の移転所得はAさんからBさんに所得を移転させただけであり社会全体の所得が増えているわけではないし，また株や土地等資産価値の値上がりによるキャピタル・ゲイン等は生産活動の結果ではないので国民所得には含まれない。しかし，寄付やキャピタル・ゲインは経済にとって非常に重要な役割を果たしている。たとえば，株価の上昇は家計の消費を刺激し，企業

＊キャピタル・ゲイン：株式や債券等，保有している資産を売却することによって得られる売買差益のこと。購入価格（から購入経費を差し引いた額）と売却価格（から売却経費を差し引いた額）の差による収益。

図 1-3 株価と地価
注1：TOPIX は，年末値，地価公示は1月1日，地価調査は7月1日の調査値
注2：地価は，住宅地，住宅見込地，商業地，工業地に分類される
出所：TOPIX は，東京証券取引所「株価指数関連（指数値の推移）」，地価公
示・地価調査は，一般財団法人土地情報センター「（地価公示/都道府県
地価調査）集計結果提供サービス」

の投資意欲をかき立てることによって景気を刺激する効果をもってい
る。寄付は持てる者から持たざる者への慈善による所得移転であるから
社会の安定に大きく貢献することができる。

(3) **支出国民所得**：これは支出面すなわち誰がどれだけ買ったのかと
いう側面からみた国民所得の推計である。国民所得統計では売上高は最
終生産物の購入と中間生産物の購入に分けられることはすでにみたとお
りである。繰り返しになるが，中間生産物というのは本章の第1節で説
明したパンの製造工程における小麦や小麦粉のような原材料として中間
で投入される生産物のことであり，国民所得には含まれない。最終生産
物は①消費者が自らの満足のために購入する**消費財**やテレビ等のような
耐久消費財と②企業が投資を目的として購入する工場や**機械設備**等のよ
うな**投資財**とに分類できる。さらに，③政府が公共財・サービスを供給

するために必要な支出がある。国民所得統計では①のような消費財の購入を**消費支出**，特に家計による消費支出を**家計消費支出**といい，政府による消費支出は**政府消費支出**という。企業が購入する投資財を投資支出といい，政府が行う公共事業は**政府投資**という。支出主体別に支出項目を分類すると，以上のようになる。

　支出主体別分類ということについて 2 点付言しておきたい。第一に，われわれが「家計は消費財を購入し，企業は投資財を購入する」というとき，商品やサービスの種類によって「これは消費財である」「あれは投資財である」という分類ではないことに留意する必要がある。たとえば，T 社の高級車の購入を例に考えてみよう。この車は家計が買えば耐久消費財であるが，タクシー会社が営業車として購入すれば投資財である。すなわち，支出国民所得における消費財と投資財は財やサービスの性質によって分類するのではなく「誰が買ったか」によって分類するのである。

　第二に，支出主体別にみた国民所得とはマクロ経済学の需要行動を統計的にみるということである。すなわち，マクロ経済的にみると買い手すなわち需要者には家計，企業，政府，および外国人という 4 つの主体がいるということである。ミクロ経済学は個別の家計ひとつひとつの行動の特徴を分析するのであるが，マクロ経済学はすべての家計は平均的に同じような行動をすると仮定して全体としてどれぐらい購入するのかを分析する。企業の投資行動においても基本的な考え方は同じである。言い換えれば，支出国民所得というのは経済の需要行動の結果を統計的にまとめたものである。

第 4 節　三面等価の原則

　さて，上記のような 3 つの異なる側面からみた国民所得は事後的には必ず等しくなる。これを三面等価の原則という。「事後的」とはどうい

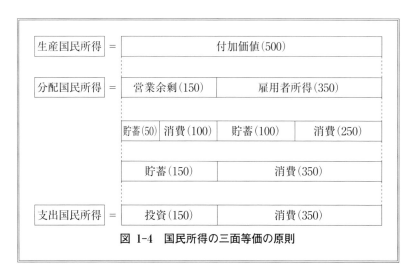

図 1-4 国民所得の三面等価の原則

うことか，そしてなぜ事後的に 3 つの国民所得は等しくなるのか。簡単
な事例で説明しよう。**図 1-4** を参照されたい。ここには簡単な数値例が
示してある。

第一に，生産国民所得である。企業が生産した付加価値を全企業につ
いて合計したものが生産国民所得である。これがたとえば 500 兆円で
あったとしよう。

第二に，分配国民所得である。企業は付加価値の 500 兆円を労働者と
企業自身とに分配する。労働者に賃金として支払われた雇用者所得が
350 兆円であったとしよう。残りの 150 兆円は経済理論では利潤*とい
い，国民所得統計では営業余剰という。分配国民所得は生産国民所得か
ら雇用者所得が分配された残りが営業余剰であるから必ず生産国民所得
と等しくなる。営業余剰は理論的にはすべて資本の所有者に配当や利子
の形で配分されるから，これは資本家の所得である。資本家であれ，労
働者であれ，所得は一部を消費し，残りを貯蓄する。**図 1-4** の例では営

---

*利潤：総収入から総生産費（賃金・地代・利子・原材料費等）を差し引いた残額。

業余剰＝資本家の所得 150 兆円のうち 100 兆円が消費にそして 50 兆円
が貯蓄にまわされる。雇用者所得 350 兆円のうち 250 兆円は消費にそし
て 100 兆円は貯蓄にまわされる。経済全体では消費は 350 兆円（＝営業
余剰からの 100 兆円＋雇用者所得からの 250 兆円），貯蓄は 150 兆円（＝営業
余剰からの 50 兆円＋雇用者所得からの 100 兆円）である。分配国民所得は
消費支出が決まり，残りの部分が貯蓄であるから消費と貯蓄を合計した
ものは分配国民所得に等しくなる。

　第三に，支出国民所得である。この事例では消費は 350 兆円，投資が
150 兆円である。合計すると 500 兆円になる。これは生産国民所得とも
分配国民所得とも等しい。このように生産・分配・支出国民所得が等し
くなることを三面等価の原則という。生産国民所得と分配国民所得につ
いてはすでに述べたような理由から等しくなることは理解できる。

　しかし，生産国民所得と支出国民所得，あるいは分配国民所得と支出
国民所得とはなぜ等しくなるのだろうか。どれだけ生産するかは企業が
決定することであり，消費は家計が，投資は企業が決定するものである。
意思決定の主体が異なるにもかかわらず等しくなるのはどうしてか。こ
れを理解するには「事前」と「事後」の概念を理解しておく必要がある。

　「事前」とは計画と読みかえてもよい。すなわち，企業ははじめに生産
計画あるいは販売計画をたてる。たとえば，500 兆円の売上があると事
前に予測して生産計画をたてたとしよう。他方，所得水準や経済状況か
ら判断して家計は 300 兆円の支出を計画し，企業は 100 兆円の投資を計
画したとしよう。従って，事前のあるいは計画した総需要の合計は 400
兆円である。計画終了後すなわち事後においては 100 兆円の売れ残りが
発生するので，生産国民所得が支出国民所得を 100 兆円上回ってしまう
はずである。しかし，国民所得統計では売れ残りの 100 兆円は「意図せ
ざる投資」として会計処理される。「意図せざる投資」とは，言い換えれ
ば，「自分で生産したものを自分が買い取った」ものとして処理すること
である。要するに，<u>生産国民所得と支出国民所得は「意図せざる投資」</u>

という調整項目によって結果として必ず等しくなるように処理されるのである。

　最後に，「意図せざる投資」について付言しておきたい。すでに述べたように，生産国民所得は供給行動を統計的にまとめたものであり，支出国民所得は需要行動を統計的にまとめたものである。生産国民所得と支出国民所得が等しいということは経済が均衡している，つまり供給側の売りたいという量と需要側の買いたいという量が一致しているということであり，供給側も需要側もともに満足しているという状態である。しかし，「意図せざる投資」というのはどういう状態なのか。当初計画していた販売量が予想に反して大幅に減少したらどうなるか。経営者は倉庫に溜まる在庫の山，商店の売り場には売れ残りの山という状況に頭を抱えている。経営者は工場の操業を縮小し，在庫を処分する。すなわち，「意図せざる投資」が大きくなるということは経済が縮小に向かう兆候であるといってよい。逆に，「意図せざる投資」がマイナスになるということは在庫がなくなり，得意先からの注文に応えられない状況である。経営者は工場の操業をあげて生産量を拡大する。いわば，経済は拡大の方向に転じることを示す指標になる。

練習問題

問1　一国の経済規模を売上高の合計ではなく付加価値の合計にする理論的な理由を説明しなさい。

問2　図1-1の例で，粉屋をA社とし，パン屋をB社としたとして，もしA社とB社が合併して製粉から製パンまでの一貫企業になった場合，(1)産出額はどうなるか，(2)付加価値はどうなるか，計算しなさい。

問3　GDPとGNIの違いを説明しなさい。

問4　三面等価の原則において生産国民所得と支出国民所得が事後的には必ず等しくなる理由を説明しなさい。

トピックⅠ　日本の SNA 統計（『国民経済計算』）

　SNA 統計は，国際連合が作成するマニュアル（英文 1,000 頁超）に基づいて，各国の統計局が作成している。通貨基準は異なるものの，基本的に作成方法は各国同じである。つまり，通貨基準を統一さえすれば（基本的に米ドル），各国の GDP のレベルを比較することは可能である（ここでは，購買力平価（PPP）の説明は省略する）。

　日本では，内閣府経済社会総合研究所・国民経済計算部が作成しており，約 100 名の国家公務員の統計専門スタッフが日々推計作業を行っている。

　SNA 統計は，2 年程度遅れての発表となるが，これは一次統計と呼ばれる数十種類の統計（国の各機関が作成）から推計するためであり，SNA 統計は二次統計と呼ばれる。

　日本の GDP は，これまで大きく 3 つの系列で公表されてきている。
⑴　1968SNA 1990 年基準　固定基準年方式
　　　　　　　　　　　　　（1955 年（昭和 30）～1998 年（平成 10））
⑵　a. 1993SNA 1995 年基準　連鎖方式・固定基準年方式
　　　　　　　　　　　　　（1980 年（昭和 55）～2003 年（平成 15））
　　b. 1993SNA 2000 年基準　連鎖方式・固定基準年方式
　　　　　　　　　　　　　（1980 年（昭和 55）～2009 年（平成 21））
　　c. 1993SNA 2005 年基準　連鎖方式・固定基準年方式
　　　　　　　　　　　　　（1994 年（平成 6）～2014 年（平成 26））
⑶　2008SNA 2011 年基準　連鎖方式
　　　　　　　　　　　　　（1994 年（平成 6）～2017 年（平成 29））
　　　　　　　　　　　　　　　　　　　　（2019 年 9 月時点）

　本テキストの SNA に関係するグラフは，⑶ 2008SNA を基軸に，1980～1993 年は⑵ 1993SNA 2000 年基準（連鎖方式）を，1979 年以前は⑴ 1968SNA を使用して遡及推計してある（**図 1**）。

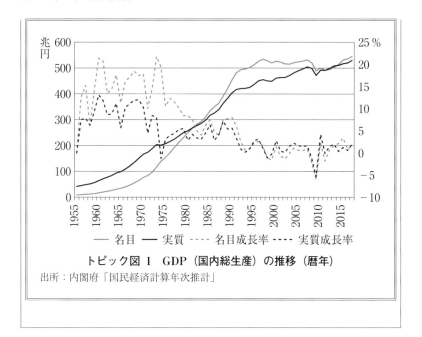

トピック図 1　GDP（国内総生産）の推移（暦年）

出所：内閣府「国民経済計算年次推計」

第**2**章　経済循環とは

はじめに

　貯蓄の話から始めよう。こんな話を聞いたことはないだろうか。「アルバイトしてお金を稼ぐのはよいことです。しかし，無駄遣いはいけません。貯金をしなさい。」という貯蓄奨励の声。他方で「子供手当はよくない。子供手当で子供がいる家庭にお金を配っても親の多くは貯金をしてしまうので，景気を悪くしてしまうのでよくない。」という貯蓄弊害論である。意見は 180 度異なる。はたしてどちらの意見が正しいのだろうか。経済学はどのように考えるのだろうか。結論から言えば，経済学的にはどちらも正しくて，どちらも間違っている。その答は経済循環の理論をきちんと理解していれば出てくる。この節では，この矛盾に満ちた問に答えられるように経済循環の説明をする。

第1節　経済循環

　経済循環とはモノやサービスが生産者から消費者へ，あるいは資本や労働等のサービスが提供者から使用者へと流れることをいう。なお，貨幣はモノの購入にはその対価として，サービスの場合には料金として提供者に支払われるので，モノあるいはサービスの流れとは逆方向に流れる。

　マクロ経済学とは前の章の冒頭で経済全体の規模や変動を分析する学問であると説明したが，言い換えれば，モノやサービスがどれだけ流れ

ているのか，そしてこの流れが円滑であるか，それとも停滞しているか
を研究する学問であるといってよい。人間の体に例えていえば，経済循
環とは血液の流れのようなものだろう。人間の体が大きくなれば，たと
えば 3 歳の子供と 20 歳の大人の体を比べてみると，それだけ多くの栄
養分を体の隅々まで運ばなければならないので血液もより多く必要にな
る。経済も規模が大きくなれば，それを支えるためにより多くのモノや
サービスが必要になる。また，動脈硬化で血管が詰まると血液の流れが
悪くなってしまい，熱が出たり，障害が出たりする。経済では，お金や
モノやサービスの流れが悪くなると，経済は不況という一種の病気に
なってしまう。この本の主たる目的は，たとえて言えば，人間の体の動
脈硬化がなぜ起こるのか，そして動脈硬化が起こるとどうして病気にな
るのかを説明するのに似ている。すなわち，経済の流れが円滑にいかな
くなるのはどうしてか，そしてこの流れが停滞するとどうなるか，さら
にそれを治療するために経済学はどんな処方箋を用意しているのかを説
明することにある。

　経済循環の説明に移ろう。ここでは簡単なモデルからはじめて順次複
雑なモデルへと拡張していくことにしたい。

　さて，現実の経済で起こっている出来事は複雑である。複雑すぎて人
間の能力をもってしては理解しきれない。毎日のテレビニュースや新聞
に多くのエコノミストが登場して様々な意見を言っているが，ひとりひ
とりが違った意見をもっていて様々な経済政策の処方箋を提案する。一
体だれの意見を信じてよいのかわからない。これが多くの人の実感だろ
う。さりとて，現実の世界に生きる人間としては経済を無視しては一日
たりとも生きられない。不況になって失業しては生活できなくなるし，
景気が過熱して物価が上昇すると年金で生活している人の実質的な所得
は減少してしまう。世の中なるようにしかならない，等とは言っていら
れない。

　しかし，現実に起っていることをひとつひとつ正確に理解することは

不可能だ。そこで経済学では現実を単純化して仮想の世界を作って経済の動きを理解する。この仮想の世界のことを経済モデルという。

　経済循環との関連でいえば，経済循環を理解するために経済学では世の中で「モノを買って使う人」すなわち消費者と「モノを作って売る人」すなわち企業という2種類に大別する。こうした人や企業のことを経済主体と呼ぶ。なお，経済学では「モノを買って使う人」を消費者ではなく家計と呼ぶ。

第2節　経済循環①：単純再生産

　最も単純なケースから始めよう。企業はモノを作ってそれを家計に供給する。従って，モノは企業から家計に向けて流れる。**図2-1** を参照されたい。ここでは例としてモノやサービスが企業から家計に100（億円）流れている。そしてその対価として100億円の代金が支払われている。従って，モノやサービスの流れと貨幣のそれは反対方向になっている。ここで注意して欲しいのは，モノやサービスの流れは企業と家計との取引を通じて行われるので，このモノやサービスの流れとその代金としての貨幣の流れの部分のことを経済学では「財・サービス市場」と呼ぶ。

　ところで，財・サービス市場で，図の例では100億円のモノやサービスが流れるためには，次の2つのことに留意しなければならない。(1) モノやサービスを生産しなければならないが，それに必要な機械や設備等の資本とそれを動かす人間つまり労働はどこからくるのか。(2) 生産したモノやサービスを購入するには家計に収入がなければならないが，その収入＝所得はどこから出てくるのか。次にこの問題を考えよう。

　労働や資本の所有者は家計である。企業は家計から労働や資本のサービスを買って生産する。対価として労働に対しては賃金を支払い，資本に対しては利潤を利子や配当*の形で支払う。ここでは企業と家計は立場が逆転している。つまり，ここでは企業が買い手で家計が売り手であ

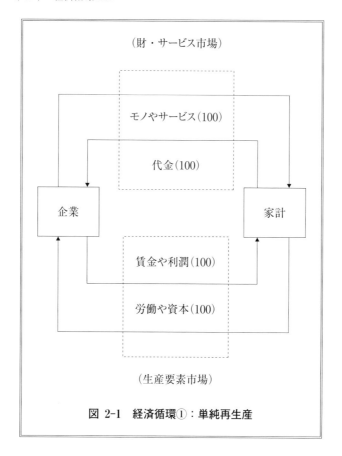

図 2-1　経済循環①：単純再生産

る。そして労働や資本等のサービスは家計から企業に，その対価として
の賃金や利潤は企業から家計に貨幣の形で流れ，それが家計の収入＝所
得になる。経済学では労働や資本等の生産に使用されるサービスを**生産
要素***といい，その生産要素の価格は労働が賃金そして資本が利潤であ
る。こうした生産要素を売買する市場は「生産要素市場」と呼ばれる。

　図 2-1 では，企業は家計から労働や資本のサービスを購入して 100 億

---

*配当：株主が，利益配当請求権に基づいて企業から受け取れる利益の分配のこと。

円の付加価値を生産した。そしてこの付加価値は賃金と利潤（ここでは特に具体的な数値は示していない）とに分配される。分配された 100 億円が全額消費に回されたとすると，企業が生産した 100 億円の付加価値はすべて売り尽くされる。そして企業は次の年もこれと同じ量の生産を行う。こうしてこの経済では毎年 100 億円の付加価値が生産され，この 100 億円が労働者と資本家に分配され，100 億円が消費に向けられる。こうして生産されたモノやサービスはすべて消費される。ここでは経済は 100 億円の規模のままで繰り返し生産され消費されることになるが，このような経済は単純再生産と呼ばれる。

第 3 節　経済循環②：拡大再生産

　経済循環の単純再生産モデルでは，貯蓄は行われないと仮定したが，大抵の家計では所得に余裕ができれば，貯蓄をする。ここで，もし家計が 20 億円の貯蓄をするとしたらどうなるかを考えてみよう。

　図 2-2 を参照されたい。企業が 100 億円の付加価値を生産し，それを家計に分配したとしよう。ここまでは経済循環①のモデルと同じである。家計が 100 億円の所得のうちの 20％に当る 20 億円を貯蓄することにしたらどうなるか。消費支出は 80 億円（＝100 億円－20 億円）になるから，企業は 100 億円のうち 80 億円しか家計が買ってくれないので，20 億円の売れ残りが生じる。企業は売れ残りが発生するので，来期の生産を減らそうとするだろう。たとえば，今年 80 億円しか売れなかったので，来期は 80 億円を生産することにしたとしよう。そして 80 億円しか生産しないとするならば，企業は当然余剰になった労働者を解雇し，設備の操業度を落とすことになるので，結果として所得は減少する。それ

---

*生産要素：企業が生産活動に投入する財貨・サービスの全体を表す。具体的には，労働，土地，資本，企業者能力，原材料等である。そのうち労働，土地，資本の三つは，短期的には供給量が一定であるから，とくに第一次生産要素と呼ばれ，一般的には，生産要素とは第一次生産要素の意味で用いられる。

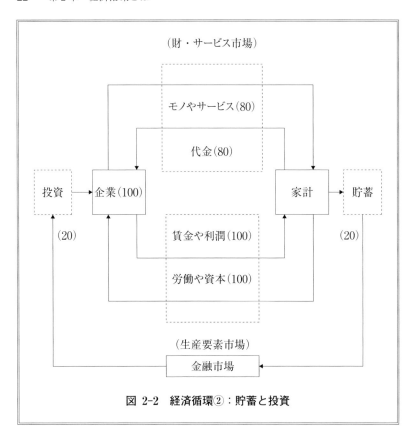

図 2-2　経済循環②：貯蓄と投資

でも，家計はこの減少した所得のうち20％を貯蓄するとしたら，貯蓄は16億円であり，消費は64億円になるので，企業は再び在庫の山を抱えることになる。

　どうしてこんなことが起こるのだろうか。これは家計から貯蓄という形で所得の一部が経済循環から「漏れ」るからである。漏れた所得をどうにかして経済循環の中にもう一度注入しなければ，貯蓄が行われるかぎり，経済は縮小し続けることになる。この再注入はどうすればできるだろうか。図の下の部分を見て欲しい。ここでは家計から漏れた貯蓄の

20億円が金融市場に注入されている。金融市場はお金が余っている人から預かった貯蓄をお金が欲しい人に融資する機能を果たしているから，もしこの金融市場が効率的に機能しているなら，お金が足りなくて困っている投資家を見つけて資金を融資する。多くの場合，資金の貸し手は家計であり，借り手は企業である。企業は融資された資金をもって機械を買ったり，工場や事務所を建てたりする。これはすでに説明したように投資財の購入である。つまり，金融市場を通じて投資20億円が行われれば，経済は円滑に循環するのである。

　投資は企業の成長あるいは経済の成長発展の原資である。従って，貯蓄がなければ，経済は成長しない。図では，今期は100億円の規模であったが，来期は投資によって生産規模が拡大しているので，経済規模は拡大している。

第4節　経済循環③：政府部門

　図2-3は経済循環のなかに政府部門を追加したケースを描いている。政府部門は経済循環のなかでどんな役割を果たすのか。このことについて考えてみよう。前節では貯蓄と投資がうまく結びついていれば，経済循環が縮小することはないことを説明した。しかし，貯蓄は家計が，投資は企業がする。この異なる経済主体の行動が一致するというのは偶然にすぎない。実は，この貯蓄と投資の不一致が景気変動の大きな理由である。市場経済には貯蓄と投資の調整は金融市場で行われるが，これは必ずしも完全ではない。これが景気変動の原因であるといってよい。

　不完全な金融市場に任せていたのでは経済が不安定になるとしたら，われわれの経済生活も不安定になる。経済の安定は政府の経済政策の目標のひとつであるから，政府は経済循環に介入することによって経済を管理しようとする。以下，いくつかのケースを考えてみよう。

　⑴　図2-3において，もし政府が家計から税金として10億円を徴収

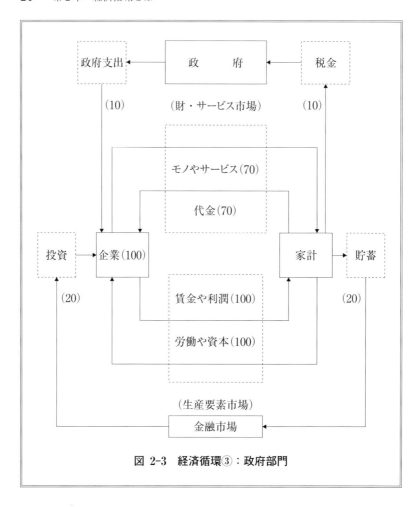

図 2-3　経済循環③：政府部門

したらどうなるだろうか。家計は 20 億円の貯蓄はしたいと考えている
とすれば，消費を減らす以外にはないので，たとえ貯蓄に等しい投資 20
億円が行われたとしても企業は 100 億円の付加価値のうちの 90 億円（＝
消費の 70 億円＋投資の 20 億円）しか購入されないので，10 億円が売れ
残ってしまう。税金は経済循環にとっては先の貯蓄と同様に「漏れ」な
のである。しかし，政府が政府支出として 10 億円分の橋や道路の建設

に支出したとしたら，企業は政府に 10 億円を売ることができるので，生産額 100 億円のすべてを売り尽くすことができる。すなわち，消費に 70 億円，投資に 20 億円，そして政府に 10 億円で合計 100 億円になる。このように政府支出は投資と同じく経済循環への新たな「注入」の効果をもっている。

(2)　ここで少し応用問題を考えよう。消費が 70 億円で，投資が 15 億円に減ったらどうなるか。政府支出が 10 億円のままなら企業の最終生産物に対する支出は 95 億円（＝消費の 70 億円＋投資の 15 億円＋政府支出の 10 億円）であり，5 億円の売れ残りが生じるので，経済は縮小する。これに対して政府はいくつかの対応が考えられるが，ここでは 2 つの対応を例示してみよう。

(ア)　減税政策：まず政府が減税した場合である。議論を単純にするために，ここでは税金を半分にして 5 億円を減税し，家計はこの減税分を全額消費に回したら，消費支出は 75 億円になり，投資と政府支出に変化がなければ，支出額は消費支出が 75 億円，投資支出が 15 億円，そして政府支出が 10 億円であり，合計すると 100 億円になる。なお，ここで政府は 5 億円の税収に対して 10 億円の支出をしているから，5 億円の赤字国債を発行するかあるいは過去の黒字の蓄積を取り崩すかしなければならない。

(イ)　支出政策：政府が国債を発行し，政府支出を増加させた場合である。税金の徴収金額を変えないで，国債を発行して政府支出を 10 億円から 15 億円に増やすことによって経済全体の支出を増やすことができる。すなわち，この場合には消費は 70 億円，投資は 15 億円，そして政府支出は 15 億円であるから，合計で 100 億円になる。

かくして政府は税金や政府支出を操作することによって経済循環の流れを円滑にすることができる。なお，この章の説明を終えるにあたって注意して欲しいことがある。上の説明のなかでたとえば投資や政府支出を増やしても消費支出や貯蓄額に変化はないと仮定したが，実は投資や

政府支出や税金が変化すると，消費支出や貯蓄額が変化する。このこと
を理解するためには国民所得の決定理論と乗数効果*を説明しなければ
ならないが，これは次章以後の課題である。

練習問題

問1　経済循環を人間の身体にたとえて説明しなさい。

問2　単純再生産と拡大再生産の違いを述べなさい。

問3　金融市場がうまく機能しないと経済はどうなるかを経済循環に
即して説明しなさい。

問4　貯蓄が景気を悪くする理由を経済循環の図を参考にして説明し
なさい。

---

　*乗数効果：経済現象において，投資や政府支出等の経済量の変化が他の経済量に
波及的に変化をもたらし，最終的には元の何倍かの変化を生み出す効果．
　国民の限界消費性向をcとし，初期の独立的投資をIとすると，各期の所得の増
加分のうち，消費性向の部分だけが消費に支出されることから，n年後の国民所得
は，$\Delta Y = I(1 + c + c^2 + c^3 + \cdots + c^n)$だけ増加する．ここで$0 < c < 1$から，$n \to \infty$のと
き，$\Delta Y = \{1/(1-c) \cdot I\}$となる．$1/(1-c)$を乗数といい，$\Delta Y$は初期の投資支出額の
数倍となる．

トピックⅡ　消費税「導入」,「増税」と「使途」

　日本の高度成長期は,第一次石油危機(1973年10月〜1974年)によって1974年(昭和49年)に−1.2%,年度では−0.5%(共に実質値)という戦後初めてのマイナス成長を経験し,ここに終焉を迎えた。

　第一次石油危機後の不況による大幅な歳入減に応じて1965年度以来となる赤字国債(特例国債)が発行され,以後恒常化することとなった(例外は,バブル経済崩壊後の1991〜1993年度のみであることは,何とも皮肉である)。

　歳出削減や租税特別措置法の整理合理化が図られたものの巨大な財政赤字を縮小するには至らなかった。そこで政府は,深刻な財政状況を考慮して,「一般消費税」という新税の導入によって,財政再建を成し遂げる道を選択し,1979年1月に一般消費税を1980年度中に導入することが閣議決定された。

　しかし,1979年10月の総選挙で一般消費税導入を推進した大平内閣は大幅に議席を減らし,一般消費税導入は見送られることとなった。

　その後,1987年2月に中曽根内閣によって「売上税」法案が国会に提出されるも世論の反対によって同年5月に廃案となった。

　1988年12月,竹下内閣によって消費税法案が成立し,こうして発案から10年の時を経て,1989年4月に「消費税」が“長期的に高齢化社会の福祉を支えるための財源確保”を目的に,3%で導入されたのである。

　では,消費税は,どのように活用されているのであろうか？

　1989年4月の導入後,3%時代は国税としてのみ使用されていたが,以後,1997年4月に5%,2014年4月に8%,2019年10月に10%に増税され,5%増税以降は,地方の税源としても活用されている。

　税率5%時には,国と地方の配分比率が4:1(国税80%),8%時には6.3:1.7(国税78.75%),10%時には7.8:2.2(国税78.0%)となっており,国税分を除いた残りの分を「地方消費税」として地方に税源移譲している。

　さらに,国税分から「地方交付税」の税源としても捻出している(地方交付税の税源は,所得税,法人税,消費税,酒税,たばこ税の5税)。消費税における地方交付税率は,税率5%時には29.5%,8%時には

22.3％，10％時には 19.5％となっている。

つまり，消費税のうち国が税源として使える分は，5％時には全体の 56.4％（＝80×(1−0.295)），8％時には 61.19％，10％時には 62.79％となっており，国税としての使途は約6割，残りの約4割は地方への税源移譲に充てられているのである。

第**3**章　消費関数

はじめに

　この章の目的は消費支出と国民所得との関係を考えることである。は
じめに実態をみておこう。**図3-1**は支出面からみたGDPの構成要素が
1955年から2017年までの63年間にどのように推移してきたのかを示
している（内閣府『国民経済計算年報』2019年版）。**民間最終消費支出**（家
計と民間非営利団体の財貨・サービスに対する消費需要）は2017年で約302

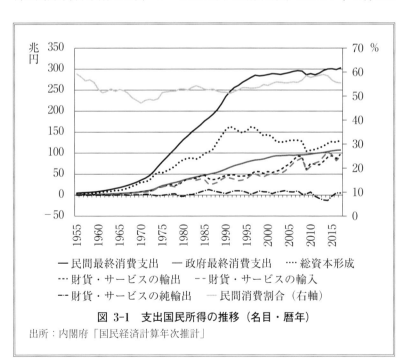

図 3-1　支出国民所得の推移（名目・暦年）

出所：内閣府「国民経済計算年次推計」

兆円であり，GDP に占める割合は 55.5% である。**総資本形成**（**表 4-1** 参照）は 1990 年代の初めまでは増加傾向，その後は低下傾向を示している。**政府最終消費支出**は長期的な増加傾向を示している。構成要素のなかでは消費支出が GDP の最も大きな部分を占めている。以下，この消費支出がどのように決定されるのかをみてみよう。

第1節　消費関数

　消費の大きさはどのように決まるのか。消費は消費者（マクロ経済学では家計という）によって行われるのであるから，家計の消費行動を考えてみればよい。値段が安いから買うという人もいる。デザインが良いからあるいはお店の雰囲気が良いから買うという人もいる。あるいは，給料が上がって財布の中身が増えたから買うという人もいる。消費の動機は様々だということだ。これを理論化するのが経済学の役割である。

　経済理論には 2 つの考え方がある。ひとつは消費者個人に注目してその消費行動を分析する方法である。たとえば，200 万円の予算の範囲内で車を買いたいという消費者が H 社の車を買うか，T 社の車を買うかの選択をしようとしているとしよう。消費者は品質が良くて，価格が安くて，デザインの良い方を買うであろう。このように一定の予算の中での合理的な消費者の選択行動を分析するのはミクロ経済学であり，ここでは特に価格が重要である。この点についてはミクロ経済学のテキストを適宜参照されたい。

　もうひとつの考え方がある。H 社の車を買うか，T 社の車を買うかよりも H 社も T 社も含めて 1 年間に何台の車が売れるか，別の見方をするなら家計は何台の車を購入しようとするかということに注目する考え方である。1 年間に 1,000 万台売れるか，1,500 万台売れるかは自動車産業にとっても，また就職活動をしている学生にとっても大いに関心があろう。自動車産業にとってはその年の売上高が決まるからであり，H

表 3-1　国民所得と消費・貯蓄

A	B	C
国民所得	消費	貯蓄
0	100	− 100
50	140	− 90
100	180	− 80
150	220	− 70
200	260	− 60
250	300	− 50
300	340	− 40
350	380	− 30
400	420	− 20
450	460	− 10
500	500	0
550	540	10
600	580	20
650	620	30
700	660	40

社やＴ社に就職すべく活動している学生にとっては採用人数が決まってくるからである。総体としての車の販売量は上の例では 200 万円の予算を持っている消費者の人数が 1,000 万人いるか，それとも 1,500 万人いるかによって決まる。経済が成長して国民の所得水準が向上すれば，これまで予算が 150 万円しかなくて車を買うのを我慢していた人が，所得の増加によって 200 万円の予算を確保できるようになれば，車を買う人の数が増えて消費全体が増加する。これは家電産業でも，食品産業でも，旅行サービスの産業でも同じである。従って，経済全体の消費量は所得の大きさによって決められるといってよい。たとえば，**表 3-1** に示

すように消費は国民所得の大きさに比例する。マクロ経済学ではこれを「消費は所得の関数である」といい，その関数は**消費関数**と呼ばれる。以下，この消費関数の特徴をみてみよう。

1．ケインズ型消費関数（絶対所得仮説）

消費関数には様々な形があるが，最も単純な形は線型の消費関数であり，ケインズ型消費関数とか，あるいは絶対所得仮説とも呼ばれることもある。次のように表わされる。

$$消費＝基礎的消費＋限界消費性向×国民所得$$

$$C＝a＋bY \tag{3-1}$$

Cは消費である。aは基礎的消費であり，所得がゼロの時でも生きるために必要な食糧や衣服や住居は手に入れなければならない，一般的には借金や貯蓄を取り崩す等してでも手に入れなければならない消費の部分である。bは国民所得が変化したときの消費がどれだけ変化するのかを示した比率であり，**限界消費性向**と呼ばれる。たとえば，国民所得が1億円だけ増加したとき，家計が8,000万円消費し，2,000万円貯蓄するとすれば，限界消費性向は8,000万円÷10,000万円＝0.8である。

基礎的消費を100，限界消費性向を0.8としたときの消費関数C＝100＋0.8Yを図にしてみると，**図3-2**に示すように基礎的消費を切片とし，限界消費性向を傾きとする右上がりの直線になることが分かる。

2．限界消費性向と限界貯蓄性向

限界消費性向についてもう少し詳しくみておく。限界消費性向は国民所得が変化したときの消費の変化であるが，国民所得は消費と貯蓄に分けられるので次のように表すことができる。

$$国民所得の変化分＝消費の変化分＋貯蓄の変化分$$

$$\Delta Y＝\Delta C＋\Delta S \tag{3-2}$$

Sは貯蓄である。(3-2)式は次のように変形できる。

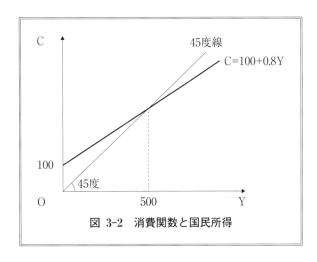

図 3-2　消費関数と国民所得

$$1 = 消費の増加分/国民所得の増加分$$
$$+ 貯蓄の増加分/国民所得の増加分$$
$$= 限界消費性向 + 限界貯蓄性向$$
$$1 = \Delta C/\Delta Y + \Delta S/\Delta Y \tag{3-3}$$

　ここで，国民所得の変化分は消費の変化分と貯蓄の変化分の合計に等しくなることから，（3-3）式の左辺は1となる。

　経済学では増加分はΔ（デルタ）で表すのが一般的である。家計は所得が増加したとしてその一部を消費に残りは貯蓄にまわすので，限界消費性向と**限界貯蓄性向**は0から1の間の値をとる。

3．平均消費性向と平均貯蓄性向

　国民所得の変化分を消費と貯蓄に配分する割合が限界消費性向と限界貯蓄性向であるが，これに対して国民所得が消費と貯蓄にどのような割合で配分されたのかを示すのが**平均消費性向**と**平均貯蓄性向**である。たとえば，国民所得の500兆円が消費に350兆円，貯蓄に150兆円処分されたのであれば，平均消費性向は0.7（＝350兆円÷500兆円），平均貯蓄

性向は 0.3（＝150 兆円÷500 兆円）である。一般的には次のように表される。

国民所得＝消費＋貯蓄

$$Y = C + S \tag{3-4}$$

あるいは

1＝消費/国民所得＋貯蓄/国民所得

1＝平均消費性向＋平均貯蓄性向

$$1 = C/Y + S/Y \tag{3-5}$$

限界消費性向と平均消費性向は同じではない。数値例を使って説明してみよう。限界消費性向がたとえば 0.8 で一定であるような先述の消費関数 C＝100＋0.8Y の例をみてみよう。国民所得が 400 兆円，500 兆円，600 兆円と変化すると，消費は 420 兆円（＝100＋0.8×400），500 兆円（＝100＋0.8×500），580 兆円（＝100＋0.8×600）と変化する。平均消費性向を計算するとそれぞれ 1.05（＝420÷400），1.00（＝500÷500），0.97（＝580÷600）となり，平均消費性向は，限界消費性向が 0.8 で一定であっても，国民所得が増加するとともに低下する。これは消費関数を変形すると，C/Y＝100/Y＋0.8 となり，右辺第 1 項は分子が定数 100 であるから分母が大きくなるにつれて小さくなるためである。一般的な消費関数についていえば，次のようになる。

$$C/Y = a/Y + b \tag{3-6}$$

第2節　様々な消費関数

絶対所得仮説は単純であるがために理解しやすい。それゆえマクロ経済モデルではよく利用される。しかし，この仮説には批判がある。前節で国民所得が増加するとき，限界消費性向が一定であっても平均消費性向は低下することを説明した。だとすれば，経済が成長し，国民所得が年々増加していけば，長期的には平均消費性向は低下し，平均貯蓄性向

は上昇していくはずである。しかし，実際には平均消費性向は長期的に非常に安定しており，絶対所得仮説の予測はあたらなかった。すなわち消費関数は $C = \alpha Y$ あるいは平均消費性向は $C/Y = \alpha$ となるという批判がなされた。このことをめぐって論争があり，ケインズ型消費関数に代わるさまざまな仮説が提示されてきた。以下，代表的な 4 つの仮説を紹介しておこう。

1．相対所得仮説

まずは**相対所得仮説**である。この仮説は人が消費習慣を見直すことは非常に難しく過去の生活水準をできるだけ維持しようする傾向があると仮定する。すなわち，好況時には前年よりも所得水準が高いので，最高の所得水準であるから，ケインズ型消費関数が維持されるが，不況時には過去の最高水準をできるだけ維持するように貯蓄率を下げる。

$$C = \alpha_1 Y + \alpha_2 \ (Y - Y_{max}) \qquad\qquad \alpha_2 < 0 \qquad\qquad (3\text{-}7)$$

Y は国民所得，Y_{max} は過去の最高所得水準である。(1) Y が過去の最高所得水準にあるならば，換言すれば完全雇用国民所得水準にあるならば，$Y = Y_{max}$ であるから，$0 = Y - Y_{max}$ となるので，$C = \alpha_1 Y$ となる。平均消費性向は $C/Y = \alpha_1$ である。たとえば，$\alpha_1 = 0.9$ あるとして完全雇用国民所得が 100 増加したとき消費は 90 増加することを意味している。(2)不況時には国民所得が Y_{max} を下回り，$Y - Y_{max} < 0$ になるので，平均消費性向の減少幅が小さくなる。これは「歯止め効果」または「ラチェット効果」と呼ばれている。たとえば，$\alpha_1 = 0.9$，$\alpha_2 = -0.2$，$Y_{max} = 100$，$Y = 90$ であったとする。(1)もし歯止め効果がなければ，消費 C は 81 であったはずである。(2)しかし，歯止め効果によって $C = 0.9 \times 90 - 0.2 \ (90 - 100) = 83$ であり，2 だけ消費減少分が小さくなっている。

2．流動資産仮説

第二は**流動資産仮説**である。この仮説は，消費はフローの所得だけで

はなくストックとしての流動資産（現金と預金）にも依存するというものである。つまり，消費は同じ所得の人でも流動資産のある人とない人では資産のある人の方が高くなる。具体的には，

$$C = a + bY + dM \tag{3-8}$$

Mは流動資産である。好況期には資産のある人もない人も同じように増加した所得のb%を消費しようとするが，不況期には資産のある人は貯蓄を取り崩してでも消費を維持しようとするが，資産のない人はb%だけ消費を減らす傾向がある，という消費行動を意味している。長期的には，平均消費性向は$C/Y = a/Y + b + dM/Y$であるが，M/Yは長期的に増加することが知られており，a/Yの平均消費性向引き下げ効果をdM/Yによる引き上げ効果によって相殺される傾向がある。M/Yは「マーシャルのk」と呼ばれており，長期的に増加していることが知られている。

3．恒常所得仮説

第三は**恒常所得仮説**である。現在の所得（絶対所得）は恒常所得と変動所得とに分けられる。すなわち，今月収入が50万円であった。しかし，先月は30万円，先先月も30万円であった。来月も30万円，再来月も30万円だろうと予想する人にとって今月の50万円はたまたま多かっただけであり，逆に予想よりも収入が低いこともあるだろうから，そのときのためにこれは使わないで貯蓄しておこうというように行動する。この長期にわたって予想される所得が恒常所得であり，例外的な50万円のうち20万円は変動所得である。消費者は変動所得は消費の際には無視して行動する。別の言い方をすれば，人は消費を現在の所得だけで場当たり的に決めるのではなく，将来所得がどのようになるのかを考慮して計画的に消費するというものである。従って，消費は恒常所得の関数になり，消費関数は次のように表される

$$C = \beta Y_p \tag{3-9}$$

Y_pは恒常所得である。他方，変動所得は消費には全く影響しないと仮定する。現在の所得 Y は恒常所得 Y_p と変動所得 Y_T からなる。このとき平均消費性向は

$$C/Y = \beta Y_p/Y = \beta Y_p/(Y_p + Y_T) = \beta/(1 + Y_T/Y_p) \qquad (3\text{-}10)$$

となる。ここで(1) $Y_T = 0$ ならば，$C/Y = \beta$ である。(2)もし $Y_T > 0$ ならば，$Y_T/Y_p > 0$ になるので，平均消費性向は小さくなる。(3)もし $Y_T < 0$ ならば，$Y_T/Y_p < 0$ になるので，平均消費性向は大きくなる。要約すれば，変動所得は好況時にはプラスになって平均消費性向を引き下げ，不況時にはマイナスになって引き上げるのである。

4．ライフ・サイクル仮説

第四は**ライフ・サイクル仮説**である。人は現在の所得ではなく生涯にわたって得られる資力によって消費を決定するというものである。ここで資力とは資産ストックとフローとしての非資産所得（労働所得）からなる。この資力の下で生涯にわたる消費からの効用を最大にするという仮説である。単純化して言えば，人は若いときには将来の結婚や子供の教育費等への出費に備えて貯蓄し，中年期には多額の消費と老後のための貯蓄を行い，退職後は貯蓄を取り崩して生活をするというライフステージに応じた消費様式を消費関数としてモデル化したものである。

この仮説では消費は資力の関数である。資力を W で表せば，消費関数は次のようになる。

$$C = \gamma W \qquad (3\text{-}11)$$

γ は平均消費性向（C/W）である。資力は資産ストック A とフローとしての非資産所得 Y^* であるから，

$$C = \gamma\,(A + Y^*) \qquad (3\text{-}12)$$

国民所得 Y は資産ストック A からの資産収入 rA と非資産所得（労働所得）からの所得 Y^* の合計であるから $Y = rA + Y^*$ あるいは $Y^* = Y\text{-}rA$ であるから

$$C = \gamma A + \gamma \ (Y - rA) = \gamma Y + (\gamma - \gamma r) \ A \tag{3-13}$$

　この消費関数はライフステージからみると，若い時は資産がないので，専ら消費は所得の関数であり，引退後は労働からの所得がなくなるので専ら資産からの収入によって消費が決まる。繰り返しになるが，この仮説では消費は現在の所得ではなくライフステージの消費様式である。

　これを景気変動との関係でみれば，(1)不況時には極端な例で言えば貯蓄する余力がなくなるので資産の増加（ΔA）はゼロになり，(3-13) 式の $(\gamma - \gamma r)$ A は定数になるので，ケインズ型消費関数になり，(2)好況時には資産ストック A が増加するので消費関数を上方にシフトさせることになる。

5．消費関数論争の論点整理

　このように様々な消費関数が提唱されてきたが，これは総需要に占める消費の割合が大きいためにこれを正確に予測しなければ，経済動向を正確に予測できないからである。従って，実際の経済運営においては現実の消費を正確に予測できる消費関数が重要であるが，しかし消費関数を正確に予測することは現実的には非常に難しい。なぜならば，消費は現在の所得だけでなく富や将来への期待に依存するからである。上記4つの仮説を整理すれば，ケインズの絶対所得仮説が現在の所得が現在の消費を決めるという主張であるのに対し，相対所得仮説は過去の所得に現在の消費が依存していると主張し，恒常所得仮説とライフ・サイクル仮説は将来の所得に現在の消費が依存すると主張する。流動資産仮説は基本的にはケインズの絶対所得仮説を支持するが経済が成長するときの資産効果を追加している。さまざまな仮説があるなかでどれを採用すればよいのか。マクロ経済学の基礎を理解する上ではケインズ型消費関数を理解しておけば十分であるが，もし学生諸君が経済のプロを目指すのであれば，もっと複雑な消費関数を研究する必要があることを付言しておきたい。

第 3 節　貯蓄関数

この節では貯蓄関数を説明する。これは第 5 章と第 8 章の国民所得の決定と第 10 章の経済成長理論の説明において重要である。

貯蓄は国民所得のうち消費されなかった部分であるから次のように表すことができる。

貯蓄＝国民所得－消費

$$S = Y - C \tag{3-14}$$

C に消費関数（$C = a + bY$）を代入すると

$$S = Y - (a + bY)$$
$$= -a + (1 - b)\ Y$$
$$= -a + sY \tag{3-15}$$

s は $(1 - b)$ であり，限界貯蓄性向である。限界貯蓄性向は限界消費性向と同じように 0 から 1 の間の値をとる。消費関数と貯蓄関数はコインの裏と表のような関係にあることが分かる。

図 3-3 は消費関数 $C = 100 + 0.8Y$ から計算した貯蓄関数 $S = -100 +$

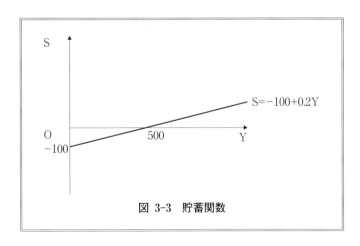

図 3-3　貯蓄関数

0.2Y を図にしたものである。貯蓄曲線の傾きは限界貯蓄性向の 0.2 である。国民所得が 500 兆円のとき貯蓄がゼロ，国民所得がこれ以下ではマイナス，これ以上だとプラスになっている。

練習問題

問1　限界消費性向が異なる 2 つの消費関数 C＝100＋0.8Y と C＝100＋0.5Y をグラフに描きなさい。2 つの消費関数の違いについて述べよ。

問2　消費関数が C＝100＋0.5Y であるとする。①国民所得が 400 兆円，②500 兆円，③600 兆円のときの(1)消費の大きさと(2)平均消費性向（小数点以下 2 桁まで計算）を計算しなさい。
　　　　答：(1)消費　　　①＿＿兆円，②＿＿兆円，③＿＿兆円。
　　　　　　(2)平均消費性向　①＿＿，　　②＿＿，　　③＿＿。

問3　消費関数が C＝100＋0.7Y であるとする。①国民所得が 300 兆円，②400 兆円，③500 兆円のときの(1)貯蓄の大きさと(2)平均貯蓄性向（小数点以下 2 桁まで計算）を計算しなさい。
　　　　答：(1)貯蓄　　　①＿＿兆円，②＿＿兆円，③＿＿兆円。
　　　　　　(2)平均貯蓄性向　①＿＿，　　②＿＿，　　③＿＿。

第**4**章　投資関数

第1節　投資と経済

　投資とは企業が工場を建設し設備を購入して生産能力を増強することである。生産能力が増強されれば，新しい工場や事務所が増加して経済は成長し，工場や事務所が増加すれば，企業はそこで働く人の数を増やそうとするので，雇用の場が作られることになる。すなわち，投資は経済を成長させ，雇用機会を作り出すことによって国民生活を成長させ，安定させることになる。逆に，もし投資が減退すれば，経済の活力は失われ，失業が増加して国民生活は不安定にならざるをえないであろう。それゆえ，投資は経済を動かす最も重要な経済的行為であるといってよい。では企業はどのようにして投資量を決定するのか。この章ではそれを理論的に考察する。しかし，説明に進む前に投資について3点コメントを加えておきたい。

1．国民経済計算における投資

　日本の投資がいくらであるのか。これは内閣府が発表する『国民経済計算年報』において知ることができる（**表4-1**参照）。国民経済計算においてわれわれが言う投資に該当するのは**総資本形成**である。総資本形成は**総固定資本形成**と**在庫変動**から成り，さらに投資主体が民間か政府かによって民間と公的に分けられる。公的投資は政府が建設する道路・港湾等であり，この投資の決定は政府の政治的プロセスを経て行われる。民間の総固定資本形成は**住宅投資**と**企業設備投資**に分けられる。住宅投

表 4-1　総資本形成の対 GDP 比（%；2017 年）

総資本形成	23.90
（1）総固定資本形成	23.83
ａ．民間	18.79
（a）住宅	3.19
（b）企業設備	15.60
ｂ．公的	5.05
（a）住宅	0.12
（b）企業設備	1.23
（c）一般政府	3.70
（2）在庫変動	0.07
ａ．民間企業	0.06
（a）原材料	-0.04
（b）仕掛品	0.04
（c）製品	0.04
（d）流通品	0.02
ｂ．公的	0.01
（a）公的企業	-0.00
（b）一般政府	0.01

出所：内閣府「国民経済計算年次推計」

資の主体は家計であり，ここでは家計の効用によって決定される。民間
企業設備投資は生産能力の向上を目的にして生産設備に対して行われ
る。これが本書における投資の概念に相当する。

　2017 年の統計では総資本形成の対 GDP 比は 23.9％であり，このうち
総固定資本形成は 23.8％，在庫変動は 0.07％であった。民間の総固定
資本形成は 18.8％，公的のそれが 5.1％であった。民間の総固定資本形
成は総資本形成の約 80％を占めている（**図 4-1**，**図 4-2** 参照）。

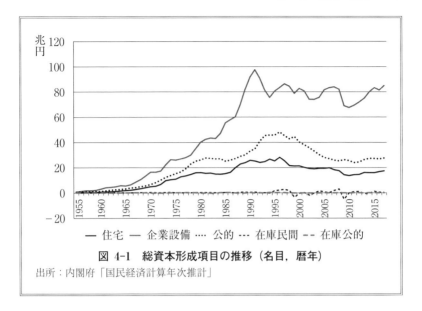

図 4-1　総資本形成項目の推移（名目，暦年）

出所：内閣府「国民経済計算年次推計」

図 4-2　総資本形成項目対 GDP 比の推移（名目，暦年）

出所：内閣府「国民経済計算年次推計」

2．投資と景気変動

　投資は2つの側面をもっている。工場や設備への投資は生産能力を高める供給要因である一方，工場を建設したり機械設備を生産する産業にとっては需要要因である。前者の供給要因の経済効果については第10章の経済成長理論で説明し，後者の需要要因の経済効果については次章で説明するので，ここでは景気変動との関連性をみておこう。景気変動は石油危機のように供給面からも発生するが，短期の好況と不況は主として需要面から発生することの方が多い。前章で見たように，支出面からみた GDP の最大の構成要素は民間最終消費支出であり，総資本形成すなわち投資は 1980 年にはそれに次ぐ第二位の構成要素であったが，1990 年代に入って以来長期的には低下傾向にあり，とりわけ 2009 年にはリーマンショックの影響もあり，大幅に減少した。この長期の投資の減退が日本経済の「失われた 20 年」の原因になっているといってよい。**図 4-3** には構成要素の変化率の推移を示しているが，この図から明らかなように総資本形成は民間最終消費支出や政府最終消費支出に比べて非常に大きく変動している。投資は経済環境の変化によって大きく変動する。それゆえ景気変動の引き金になることが多いのである（**図 4-4** 参照）。

3．債券投資と設備投資

　債券投資と設備投資（債券投資と対照させるということで**実物投資**と呼ぶこともある）の違いについてみておく。債券投資とは株式や国債の購入のことであり，設備投資は建物を建設したり設備を購入したりすることである（**図 4-5** 参照）。個人レベルで投資といえば直感的には債券投資を想起するであろう。債券投資は経済全体でみると生産能力を高めない場合がある。たとえば，A さんが N 社の 1 万株を 1,000 万円で B さんに売ったとしよう。B さんは 1 万株を 1,000 万円で手に入れたが，A さんのもっていた 1 万株がなくなってしまっているので，社会全体では株式

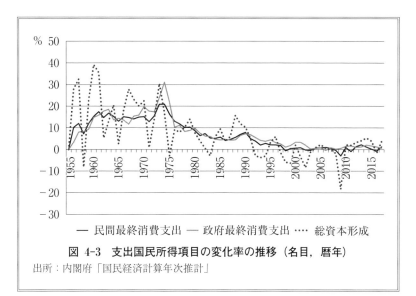

図 4-3　支出国民所得項目の変化率の推移（名目，暦年）

出所：内閣府「国民経済計算年次推計」

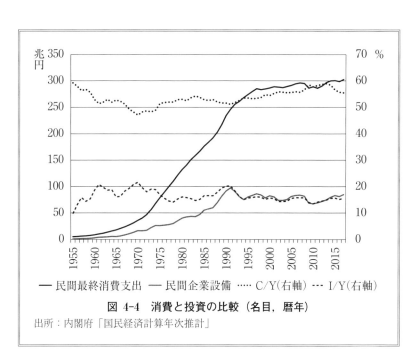

図 4-4　消費と投資の比較（名目，暦年）

出所：内閣府「国民経済計算年次推計」

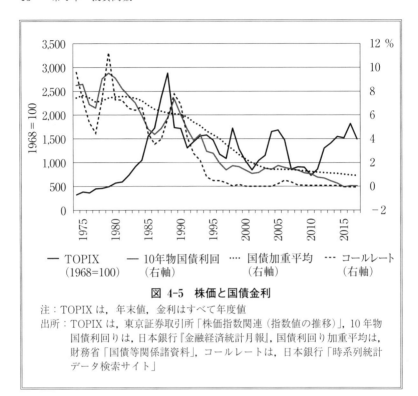

図 4-5 株価と国債金利

注：TOPIX は，年末値，金利はすべて年度値
出所：TOPIX は，東京証券取引所「株価指数関連（指数値の推移）」，10 年物
国債利回りは，日本銀行『金融経済統計月報』，国債利回り加重平均は，
財務省「国債等関係諸資料」，コールレートは，日本銀行「時系列統計
データ検索サイト」

の数は変化していない。従って，債券投資は経済全体の生産設備を増加
させていないし，生産性向上にも貢献していないのである。なお，中古
住宅の購入も経済学的な意味における投資ではない。その理由について
は学生自身で考えてもらいたい。

　しかし，だからといって債券投資は経済的に意味がないというのでは
ない。債券市場が活発で 1 株 500 円の株式が 1,000 円で取引されている
とすれば，企業は 500 円の株式を発行して 1,000 円で売ることがきるの
で，投資資金の調達が容易になり，企業はその資金を使って生産能力を
増強させようとするであろうから，債券投資は実物投資，設備投資を誘
発する効力をもっている。債券投資は債券市場で取引されるので，債券

市場は設備投資を活発にするための社会的インフラであるといってよい。

第2節　投資関数①：投資の限界効率理論

　民間企業による投資の問題を考えるとき，われわれは2つのことを説明しなければならない。第一に投資はどのように決定されるのか，第二に投資は消費に比べて大きく変動する傾向があるが，それはどうしてなのかという問題である。この節では前者の問題を，第3節では後者の問題を説明する。

　マクロ経済学において最も一般的に使われている投資決定理論はケインズが提示した**投資の限界効率理論**である。これは平均的な企業の投資行動を理論化したものである。すなわち，企業が投資に期待するのは将来の収益である。企業は投資から期待される収益と予想される費用を比較して収益の方が大きければ投資し，そうでなければ投資しない。以下ではそれを理論的に説明する。そこで企業はいくつかの投資プロジェクトをもっているとし，それぞれの投資から期待される収益と予想される費用を考慮しながらどのように投資決定をするのかをみることにしよう。

1．投資の費用

　ある事業（たとえば工場の建設）に投資すべきかどうかを考えている企業がある。この事業には1,000万円の費用がかかると予想される。ここで注意して欲しいのは，この事業に投下する費用1,000万円は事業（工場の建設）費用であって投資費用ではない，ということである。投資費用は事業費1,000万円ではなくこの1,000万円を調達するための費用である。たとえば，1,000万円を調達するために銀行から1,000万円を借りるとしよう。銀行からお金を借りるためには当然利子を払わなければ

ならない。これが年率 10 パーセントであったとすれば、企業にとって投資費用とはこの利子率 10 パーセントつまり銀行に毎年支払わなければならない年間 100 万円の利子のことである。

　では、企業が自己資金をもって投資する場合はどうか。この場合も事情は基本的には変わらない。企業が 1,000 万円の資金を手元にもっているとして、預金利子率が 10％であれば、これを銀行に預ければ、企業の手元には 1 年後に 100 万円の利子収入が入ってくる。銀行に預けないで事業に投資するとすれば、銀行に預ければ得られたはずの利子収入 100 万円をあきらめなければならない。これは利子収入を獲得する機会を逃すことの費用という意味で経済学では**機会費用**と呼ばれる。この機会費用の利子収入 100 万円がこの企業にとっての投資費用である。

2．投資の期待収益

　次に、投資の収益を考えてみよう。投資は将来得られるであろう収益を期待して行われる。これを**期待収益**と呼ぶ。期待収益は投資案件ごとに異なっている。ここでは次の 4 つの投資案件を考えよう。それぞれの事業費用は 1,900 万円、4,580 万円、2,490 万円、および 2,190 万円である。それぞれの事業からは 3 年間にわたって 900 万円、2,000 万円、1,000 万円、および 800 万円の収益が期待されると仮定する。

投資案件	事業費用	期待収益
1	1,900 万円	900 万円
2	4,580 万円	2,000 万円
3	2,490 万円	1,000 万円
4	2,190 万円	800 万円

　この期待収益が投資資金に対してどれだけの収益率に換算されうるのか。これについてはやや数学的な計算が必要になる。以下、**割引現在価値計算**とケインズの「投資の限界効率」の計算方法を紹介しよう。

　まず割引現在価値計算から説明する。そのためには元利合計の計算から始めねばならない。現在（たとえば，2020年1月1日現在）の100円は，もし利子率10%で銀行に預けるならば，次の年の1月1日には10円の利子がつくので，元利合計（元金プラス利子）は110円になる。これが元利合計の計算方法である。1年目，2年目，および3年目の計算をすると次のようになる。

計算式	計算事例
元利合計 ＝ 元金 × (1 ＋ 金利)	→ 110 = 100 × (1 + 0.1)
元利合計 ＝ 元金 × (1 ＋ 金利)^2	→ 121 = 100 × (1 + 0.1)^2
元利合計 ＝ 元金 × (1 ＋ 金利)^3	→ 133 ≒ 100 × (1 + 0.1)^3

　割引現在価値計算の考え方は元利合計とは時間の方向を逆にして2021年1月1日に100円を手にするには現在何円銀行に預ければよいかを計算する方法である。利子率が10パーセントなら，1月1日現在で約91円預けておけばよい。これが割引現在価値計算であり，このときの利子率は現在割引率と呼ばれる。1年目，2年目，および3年目まで計算すると次のようになる。

計算式	計算事例
割引現在価値 ＝ 1年後の金額 ÷ (1 ＋ 金利)	→91 = 100 ÷ (1 + 0.1)
割引現在価値 ＝ 2年後の金額 ÷ (1 ＋ 金利)^2	→83 ≒ 100 ÷ (1 + 0.1)^2
割引現在価値 ＝ 3年後の金額 ÷ (1 ＋ 金利)^3	→75 ≒ 100 ÷ (1 + 0.1)^3

3．投資の限界効率

　次に，ケインズのいう「**投資の限界効率**」について説明しよう。投資の事業費用が先に示した投資案件1の1,900万円であり，この投資案件から3年間にわたって毎年900万円の期待収益がある場合の投資の限界効率を考えてみよう。この事業費用の1,900万円と3年間の期待収益の

割引現在価値の合計をちょうど等しくするような現在割引率を計算する。それには次のような計算をすればよい。

$$1,900 = 900/(1+0.2) + 900/(1+0.2)^2 + 900/(1+0.2)^3 \quad (4\text{-}1)$$

　この例では 0.20（20%）になる。この 20% は一種の収益率であり，ケインズはこれを投資の限界効率と呼んだ。同じように投資案件 2, 3, および 4 についても計算すると，投資の限界効率はそれぞれ次のようになる。

投資案件	事業費用	期待収益	投資の限界効率
1	1,900 万円	900 万円	20%
2	4,580 万円	2,000 万円	15%
3	2,490 万円	1,000 万円	10%
4	2,190 万円	800 万円	5%

　4 つの投資案件はそれぞれ異なる投資の限界効率をもっている。企業ははたしてこれらの投資案件のうちどこまでを事業として実行に移すだろうか。それは利子率によって決まる。**図 4-6** は縦軸に投資の限界効率

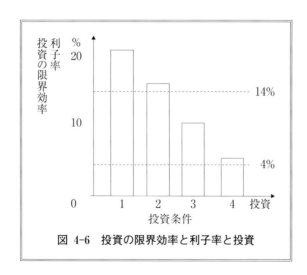

図 4-6　投資の限界効率と利子率と投資

図 4-7　貸出金利の推移（年度）

出所：日本銀行「時系列統計データ検索サイト」

と利子率を，横軸に投資案件ごとの事業費を測っている。棒グラフは投資の限界効率であり，高い案件から順に並べている。水平の直線は利子率である。図で利子率が 14%（0.14）なら投資案件 1 は投資の限界効率が 20%（0.20）であるから，企業は銀行への支払う利子費用よりも期待収益が大きいので投資を行った方が有利だと判断するだろう。投資案件 2 はどうか。わずかだが投資の限界効率の方が高いので投資は行われるだろう。しかし，投資案件の 3 と 4 は利子率よりも投資の限界効率の方が低いので利子費用を返済すると赤字になってしまうから，このような事業には投資しないであろう。そうすると，利子率が 14% のときの投資総額は 6,480 万円（＝1,900 万円＋4,580 万円）になる。では利子率が 4% に低下したとしたらどうなるか。ここでの 4 つの投資案件はいずれも投資の限界効率が 4% よりも高いので，すべての投資案件は実行されることになり，投資総額は 1 億 1,160 万円に達する。従って，投資総額は利子率が下がれば増加し，逆に上がれば減少する（**図 4-7** 参照）。

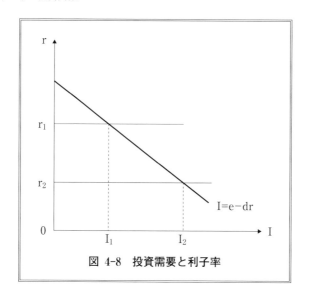

図 4-8　投資需要と利子率

この投資の限界効率は一般的には次のように表すことができる。

$$C = B_1/(1+m) + B_2/(1+m)^2 + \cdots\cdots + B_n/(1+m)^n \qquad (4\text{-}2)$$

Cは事業費用，B_i（i = 1, 2, ・・・, n）は期待収益，mは投資の限界効率である。投資の回収期間はn年である。そして投資は投資の限界効率mと利子率rとが等しくなる投資案件まで順次投資の限界効率の高い方から順に実行される。従って，利子率が低下すると，投資の費用が低下するので，これまで高い利子率のもとでは実行されなかったであろう投資案件が実行に移されることになる。結果として，利子率が低下するとともに投資総額が増加する。このような投資と利子率との関係は経済学では投資関数と呼ばれ，「投資は利子率の減少関数である」という。

$$I = e - dr \qquad (4\text{-}3)$$

ここで，eは利子率とは独立に実施される投資すなわち**独立投資**，rは利子率，そしてdは利子率の変化に反応する投資の係数である。これを図で表せば，**図4-8**のように右下がりの曲線になる。

第3節　投資関数②：加速度原理とストック調整モデル

１．加速度原理

　投資の限界効率理論はいくつかの投資案件があるときそれをどの順序でどこまで実行すべきかを決定する理論である。そこでの決定は景気が良いか悪いか，あるいは経済は成長しているかいないかに関わりなく行われる。しかし，実際には投資が投資を呼ぶというように景気が良いときには投資は加速的に増加し，不況になると逆に加速的に減少して景気の変動幅を大きくする。それを説明する理論が**加速度原理**である。

　簡単な例を考えよう。タウン情報誌を発行する会社がある。現在 A 市でタウン情報誌を発行している。社内では①B 市でも発行するか，②ホームページを作成して電子タウン情報誌を発行するかを検討している。それぞれの期待収益と事業費用とから投資の限界効率を計算し銀行からの借入利子率と比較して決定すればよい。これが投資の限界効率理論の結論である。しかし，A 市でのタウン情報誌が好評で発行部数を増やして欲しいという読者や広告掲載希望業者からの要望に応えたいが印刷能力に限界があるという場合にはどうすればよいだろうか。現在の発行部数が Q 万部，最適発行数が Q^* 万部とすれば，その差 (Q^*-Q) 万部だけ部数を増やすように印刷機を購入すればよい。Q 万部を印刷するには機械は K 台必要であるとすれば，1 万部印刷するに必要な印刷機の台数は

$$K/Q = v \qquad (4\text{-}4)$$

である。v は**資本係数**という。この資本係数が技術的に決まっているとすると，Q 万部印刷するに必要な印刷機は $K=vQ$ である。従って，発行部数を Q^* 万部にするには

$$K^* - K = v\,(Q^* - Q) \qquad (4\text{-}5)$$

に印刷機を増やしていかなければならない。資本ストックとは，企業が生産に使用するために保有している建物や機械設備のことであり，資本ストックを増やすのが投資であるから，投資は最適発行部数と現在のそれとの差によって決まる。

$$I = K^* - K = v(Q^* - Q) \tag{4-6}$$

QとQ*をそれぞれ一国全体の最適生産規模と現在の生産能力と考えれば，一国の投資は現在の経済規模と最適経済規模との差によって決定されることになる。これが加速度原理の基本的な考え方である。なお，加速度原理による投資理論では今期の必要資本ストックと1期前のそれとの差として

$$I_t = K_t - K_{t-1} = v(Q_t - Q_{t-1}) \tag{4-7}$$

と仮定されることが多い。

ところで，経済全体で投資が増加すると，資本財を生産している産業で雇用が増加し，所得が増加する。所得が増加すると，前の章でみたように消費が増加する。消費が増加すれば，企業は売上げが伸びると期待するので，それに備えてさらに投資をする。こうしたことが次々に繰り返されると「投資が投資を呼ぶ」という現象が起こるのである。逆に，投資が減少すると，資本財産業の景気が悪くなり，雇用が減り，所得も減るので，企業は売上げが減少すると期待するので投資を控えるようになる。投資が減れば企業はますます投資をしなくなる。このように加速度原理は投資が好況時には上方に，不況時には下方に大きく伸幅することを説明している。

2．ストック調整モデル

しかし，加速度原理にも問題がある。第一に，資本係数が一定と仮定しているが，労働者の賃金が上昇して利子率が低下するような経済においては**労働集約型産業***では収益が低下するのでこのような産業はやがて消滅して，**資本集約型産業****の収益が改善するので，資本係数は賃金

と利子率の相対的な比率によって変化するはずである。第二に，技術は絶えず進歩しているが，これが考慮されていない。第三に，投資を計画してから実際の稼働までには時間がかかるので，計画は変更されることもある。こうした批判に答えるのがストック調整モデルである。このモデルは，投資は加速度原理が考えるように t 期の投資は $I_t=K^*-K_{t-1}$ 最適資本ストック（K^*）と前期（t-1）の差によるのではなく（K^*-K_{t-1}）の一部が実行に移される，と考える。すなわち，

$$I_t=\lambda（K^*-K_{t-1}）\qquad \lambda<1 \tag{4-8}$$

λ は伸縮的加速度因子である。この因子が 1 よりも小さくなるのは次のような理由による。第一に，計画に時間がかかって発注が遅れる。第二に，資本財を生産するメーカーが期間内に納入できない。第三に，急激に投資を増やすと資本財価格が上昇する。第四に，最適資本ストックは将来予測なので絶えず再評価されることになる。

　加速度原理やストック調整モデルは「投資が投資を呼ぶ」現象の説明には適しているが，最近では経営者は 1 年限りの予想の外れで投資を調整するようには行動せず，長期の展望の中で行うのが一般的で 1 年程度の予想の外れは計画のなかに折り込まれているということが言われており，あまり注目されなくなっている。

---

*労働集約型産業：事業活動を営む上で，労働力に対する依存度が高く，売上高に対する人件費の比率が高い産業のこと。多くの労働力を必要とするため，一人あたりの労働生産力が低く，労働者の賃金が低い傾向にある（例：第 1 次産業，第 3 次産業のサービス業や流通業等）。

**資本集約型産業：事業活動を営む上で，労働力より資本設備への依存度が高い産業のこと。産業の資本集約度は，労働 1 単位当りの資本（資本量/労働量）で測るのが普通である。これは労働者が平均的にどれだけの資本を装備しているかを示す値であり，労働の資本装備率とも呼ぶ。資本集約度が高ければ高いほど機械化が進んでおり，労働生産性も高いとされる（例：化学工業，半導体産業，鉄道，通信，エネルギー業界等）。

第4節 投資関数③：トービンの q 理論

　投資の限界効率理論では利子率が投資を決定するとしているが，実際には投資と利子率の間には相関関係がみられないということが言われている。それに対してトービンは投資を決定するのは株式市場における企業評価であると主張する。

$$q＝企業の市場価値/現存資本を買い換える費用総額 \qquad (4\text{-}9)$$

　q は「**トービンの q**」，企業の市場価値は株価総額（＝株価×発行株数）と銀行からの債務である。q が 1 よりも大きいということは，市場がこの企業の資本ストックの価値を非常に高く評価しているということである。要するに，q＞1 という状態は株式市場がこの企業の価値を高く評価しているということであり，企業は新株を発行して資金調達するのが非常にやりやすいという状態であるということである。逆に，q＜1 というときには株式市場が低迷しており資金調達が難しい，というものである。

第5節 まとめ

　投資には資本財を購入して生産能力を高める設備投資，生産や販売を効率的にするために原材料や製品の保有する在庫投資，個人が行う住宅投資の3つがあり，投資全体では民間の設備投資が約7割を占める。この章で説明した投資理論は設備投資のための決定理論である。

　国民経済における投資の特徴は総需要のなかでかなり大きな比重を占めていることとその変動幅が大きく景気変動の原因であることである。前者については投資の限界効率理論とトービンの q 理論を説明した。後者については加速度原理とストック調整モデルを説明した。それぞれのモデルには長所と短所があるが，マクロ経済の基本を理解することを

目的とする初級のマクロ経済学では投資の限界効率理論が最も適しているので以下の章ではこのモデルを使って説明を進めるが，中級や上級のマクロ経済学では加速度原理やトービンの q 理論を取り入れたモデルが展開されている。

練習問題

問 1 「中古住宅の購入は経済学的には投資ではない」のはなぜか。債券投資と実物投資の説明を参照にしながらその理由を経済学的に説明しなさい。

問 2 ある企業が耐久期間が 1 年の機械設備を購入する計画を立てている。購入費用は 100 万円であり，1 年間で 105 万円の収益があるとする。
(1) 市場利子率が 5%（0.05）とすると，この企業の期待収益の現在割引価値はいくらか。
(2) この投資計画の投資の限界効率を計算しなさい。

問 3 投資の限界効率理論において独立投資が 120，利子率の係数が 50 であるとして次の問に答えなさい。
(1) 利子率が 1%（0.01）のときの投資額を計算しなさい。
(2) 利子率が 10%（0.10）のときの投資額を計算しなさい。
(3) 利子率が 10%（0.10）のとき，独立投資が 100 に減少すると投資はいくら減少するか。

第**5**章 国民所得の決定
～45度線分析～

はじめに

　この章では国民所得が決定される過程を理論的に説明する。経済モデルは複雑な現実の経済世界のなかから最も重要と思われる変数を選んで現実をモデル化したものである。逆に言えば，モデルに必要ないと思われる変数は捨てるということである。マクロ経済モデルは国民所得の決定のプロセスを説明することを主たる目的とするモデルである。そのマクロ経済モデルのなかで最も単純化されたモデルは所得・支出モデル（あるいは45度線分析ともいう）である。この章ではこの所得・支出モデルを説明し，もう少し拡張したマクロ経済モデルにIS-LM分析があるが，このモデルは第8章で説明する。

第1節　国民所得決定のメカニズム

　財やサービスが取引される市場は財・サービス市場（以下では，財市場と呼ぶ）である。ミクロ経済学は商品ごとの市場の特殊性に注目して多数の市場間の不均衡の調整を分析するのであるが，マクロ経済学は市場の類似性に注目して一国の経済全体の市場を財市場，労働市場，金融市場の3つに大別してそれぞれの市場における需要と供給を分析する。ここでは財市場における国民所得決定のメカニズムを説明する。

１．国民所得の決定

　財市場の総需要と総供給が等しいときに決まる国民所得は**均衡国民所得**である。財市場が不均衡にあるとき，市場はどのようにして不均衡を調整するのか。その説明は次節で行うことにしてここでは均衡国民所得がどの水準で決まるのか，すなわち 500 兆円で決まるのか，それとも600 兆円になるのかを説明する。

　第１章で説明したように総供給 Y_S とは生産国民所得のことであるから

$$Y_S = Y \tag{5-1}$$

総需要 Y_D は支出国民所得のことであり，これは単純化していえば消費と投資の合計であるから

$$Y_D = C + I \tag{5-2}$$

均衡においては，総供給は総需要に等しくなるので，

$$Y_S = Y_D \tag{5-3}$$

（5-1）式と（5-2）式を（5-3）式に代入すると，財市場が均衡状態にあるとき

$$Y = C + I \tag{5-4}$$

財市場の均衡においては，国民所得は消費と投資の合計額に等しくなる。

　第３章でみたケインズ型消費関数は

$$C = a + bY \tag{5-5}$$

そして投資は所与であるとして次のように表す。

$$I = \bar{I} \tag{5-6}$$

従って，財市場の均衡を表す経済モデルは次のようになる。

$$\begin{cases} Y = C + I & \text{(5-4)} \\ C = a + bY & \text{(5-5)} \\ I = \bar{I} & \text{(5-6)} \end{cases}$$

このモデルを整理すると，国民所得は次のようになる。

$$Y = a + b \times Y + \bar{I} \tag{5-7}$$

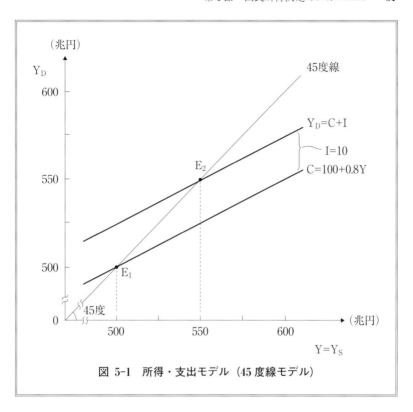

図 5-1　所得・支出モデル（45 度線モデル）

あるいは

$$Y = \{1/(1-b)\}\ (a+\bar{I}) \tag{5-8}$$

　これを数値例でみてみよう。基礎的消費（a）を 100 兆円，投資（I）を 10 兆円，限界消費性向（b）を 0.8 として（5-8）式に代入すると次のようになる。以下，a，I，Y の単位である兆円は省略する。

$$Y = \{1/(1-0.8)\} \times (100+10) = 550 \tag{5-9}$$

550 兆円が均衡国民所得である。

　これを図で表せば**図 5-1** のようになる。縦軸に総需要（$Y_D = C+I$）を，横軸に総供給（$Y_S = Y$）をはかると，均衡（$Y_S = Y_D$）は 45 度線上で表すことができる。45 度線と縦軸との間の領域は総供給よりも総需要の方

が大きいので**超過需要**であり，45度線と横軸との間の領域は総需要より
も総供給の方が大きいので**超過供給**である。

図5-1では総需要は直線 $Y_D = C + I$ で描かれている。消費関数は切片
が100，傾きは0.8である。国民所得が1増えると消費が0.8増えるこ
とを意味している。消費関数に投資の10兆円分を上方に平行移動させ
たのが総需要曲線である。この総需要曲線と45度線との交点 E_2 が総需
要と総供給の均衡する点であり，この点での国民所得 Y が均衡国民所
得水準550兆円である。このような45度線による国民所得決定理論は
45度線分析と呼ばれている。

2．均衡国民所得と貯蓄関数

財市場の均衡は貯蓄と投資の関係からも説明できる。総需要は消費と
投資からなるので

$$Y_D = C + I \tag{5-10}$$

総供給は生産国民所得であり，生産国民所得は資本家と労働者に分配さ
れる。分配された国民所得は家計の収入であり，家計の収入は消費とし
て支出されるか，貯蓄（S）として蓄積されるかいずれかであるから，総
供給は

$$Y_S = C + S \tag{5-11}$$

財市場が均衡しているとき，総需要と総供給は等しいので

$$Y_D = Y_S \tag{5-12}$$

（5-10）式と（5-11）式を（5-12）式に代入すると

$$C + I = C + S$$

$$I = S \tag{5-13}$$

となる。すなわち，財市場の均衡条件は投資＝貯蓄という形で表すこと
もできる。投資を（5-6）式と同じく一定（$I = \bar{I}$）とし，貯蓄を

$$S = -a + (1 - b)Y \tag{5-14}$$

とすれば，国民所得決定のモデルは次のようになる。

$$\begin{cases} I = S & (5\text{-}13) \\ S = -a + (1-b)Y & (5\text{-}14) \\ I = \bar{I} & (5\text{-}6) \end{cases}$$

ここから均衡国民所得は (5-8) 式と同じ結果を導くことができる。

$$Y = \{1/(1-b)\}\,(a+\bar{I}) \tag{5-15}$$

であり，貯蓄・投資による均衡条件は消費関数から導出した均衡国民所得と同じになる。

第 2 節　投資乗数

　前節では投資は 10 兆円であると仮定した。もし投資が**図 5-2** のように追加的に 10 兆円だけ増え 20 兆円になったならば，均衡国民所得はどうなるであろうか。数値例を中心にして説明しよう。

　消費関数は前節と同じで C = 100 + 0.8Y を仮定する。数式では単位の兆円は省略する投資は 10 兆円から 10 兆円だけ追加して 20 兆円になったとしよう。すなわち，

$$\Delta I = 10 \tag{5-16}$$

Δ は増加分を表す。このとき国民所得は

$$Y = \{1/(1-0.8)\} \times (100+20) = 600 \tag{5-17}$$

となる。ここで注意して欲しいのは，投資が 10 兆円追加的に増えたとき，国民所得は 550 兆円から 600 兆円へと 50 兆円だけ追加的に増えたということである。**図 5-2** を参照せよ。

$$\Delta Y = 600 - 550 = 50 \tag{5-18}$$

10 兆円の投資の追加的増加は単に総需要を 10 兆円増やすのではなくそれの 5 倍の総需要を産み出して国民所得を増やすのである。投資の増加分（ΔI）に対する国民所得の増加分（ΔY）の割合は**投資乗数**と呼ぶ。

$$\Delta Y/\Delta I = 50/10 = 5 \tag{5-19}$$

なぜこのようになるのであろうか。そのプロセスは次のように説明され

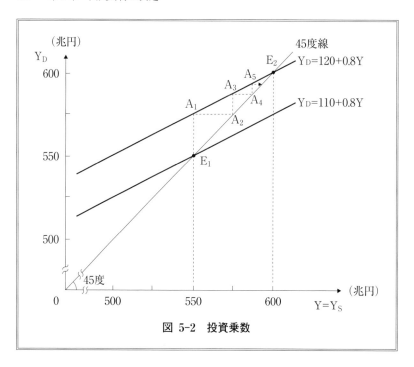

図 5-2　投資乗数

る。投資が 10 兆円だけ追加的に増加したとする。①この 10 兆円はまず投資財の需要を増やして投資財部門での国民所得を 10 兆円増やす。②この 10 兆円の国民所得は次に消費財の需要を 8 兆円（＝0.8×10 兆円）増加させ，消費財に対する 8 兆円の需要増加は消費財部門での生産を増やして国民所得をさらに 8 兆円増やす。③この 8 兆円の国民所得はさらに消費を 6.4 兆円（＝0.8×8 兆円）増加させる。このように投資が増加すると投資財生産の増加→国民所得の増加→消費支出の増加→消費財生産の増加→国民所得の増加→消費支出の増加→‥‥というように投資需要の増加が生産を誘発し，生産が消費支出を産み出し，この消費支出が消費財生産を誘発することによって経済が拡大していくことを投資の乗数プロセスという。

　この投資の乗数プロセスは数学的には次のように計算できる（章末の

等比級数の計算式を参照せよ）。

$$国民所得の増加分 = 10 + 10 \times 0.8 + 10 \times 0.8^2 + 10 \times 0.8^3 + \cdots$$

$$= 10 \times (1 + 0.8 + 0.8^2 + 0.8^3 + 0.8^4 + \cdots\cdots)$$

$$= 10 / (1 - 0.8)$$

$$= 50 \tag{5-22}$$

　投資の乗数プロセスは図でも説明ができる。**図 5-2** を再度参照されたい。当初投資が 10 兆円のとき，国民所得は 550 兆円で財市場は均衡している。投資が 20 兆円行われると，総需要は消費の 550 兆円に 10 兆円の投資支出が加わって 560 兆円になる。図では経済は E_1 点から A_1 に移動する。この時点では財市場に 10 兆円分の超過需要が生じている。企業はこの超過需要分だけ生産を増やそうとする。すると，経済は A_1 点から A_2 点に移動する。しかし，A_2 点での国民所得は 560 兆円であるから消費は 568 兆円になっている。経済は A_2 点から A_3 点に移動している。このように経済は投資が起こる前の均衡点 E_1 から新しい均衡点 E_2 に向かって移動するのである。つまり国民所得の大きさが変化することによって財市場は超過需要を解消して新しい均衡に移動するのである。

第 3 節　インフレ・ギャップとデフレ・ギャップ

　財市場においては総需要と総供給が等しくなるように国民所得が変化し均衡国民所得が実現する。ここでは売りたいという量と買いたいという量が一致しているので，財市場は安定する。しかし，このとき労働市場はどうなっているであろうか。労働市場では現行の賃金水準の下で就業を希望するすべての人が雇用されている状態を完全雇用という。均衡国民所得の下ではいつでも完全雇用は実現しているのであろうか。

　労働市場の雇用と国民所得との関係を簡単にみておこう。いま労働者は 1 人当たり平均で 1,000 万円を生産するものとする。逆に言えば，企業は生産量を 1,000 万円増やすには労働者を 1 人追加的に雇用しなけれ

ばならないということである。すなわち，550兆円の国民所得を産み出
すには5,500万人の労働者が必要であり，これが600兆円ならば6,000
万人，650兆円ならば6,500万人が必要であることになる。もし労働市
場に働きたいという人が6,000万人いるとすれば，600兆円の国民所得
が必要ということになる。このような労働市場の完全雇用を保証する国
民所得は完全雇用国民所得と呼ばれる。

　完全雇用の実現は経済政策のなかでもとりわけ重要な目標である。J.
M. ケインズは，その著書『雇用・利子・貨幣に関する一般理論』におい
て財市場の均衡が労働市場の完全雇用を保証しないことを理論的に証明
したことで知られている。それが有効需要の原理である。その考え方を
45度線分析を使って説明しておこう。

　図5-3には均衡国民所得と完全雇用国民所得との関係が示されてい
る。ここでは完全雇用国民所得は600兆円であると仮定している。

　第一は，均衡国民所得＜完全雇用国民所得の場合である。**図5-3**にお
いては総需要曲線が Y_D^1（＝$C+I_1$）のときである。消費関数（＝100＋
0.8Y）と投資10兆円のケースでの均衡国民所得は550兆円である。こ
の均衡国民所得は完全雇用国民所得600兆円より小さい。労働市場では
6,000万人の人が働きたいと思っているが，550兆円の財を生産するに
は5,500万人の労働者で足りるので，500万人の労働者が失業している。
このような労働市場の均衡は不完全雇用均衡あるいは過少雇用均衡と呼
ばれる。完全雇用が実現するために必要な総需要600兆円と比べて総需
要が50兆円分だけ不足している。この不足分EDを「**デフレ・ギャップ**」
という。

　第二は，均衡国民所得＝完全雇用国民所得の場合である。**図5-3**にお
いては総需要曲線が Y_{D2} の状態である。数値例では投資が20兆円に相
当するケースであり，均衡国民所得は600兆円である。600兆円の国民
所得を生産するためには6,000万人の労働者が必要であり，働きたいと
いう人も6,000万人であるので，完全雇用が実現している。従って，こ

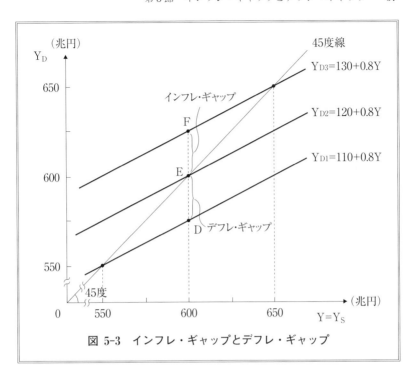

図 5-3　インフレ・ギャップとデフレ・ギャップ

こでは財市場と労働市場が同時に均衡している。

　第三は，均衡国民所得＞完全雇用国民所得の場合である。**図 5-3** にお
いて総需要曲線が Y_{D3} の状態である。数値例では投資が 30 兆円のケー
スである。均衡国民所得は 650 兆円である。この国民所得を生産するた
めには 6,500 万人の労働者が必要であるが，働きたいと思っている人の
数は 6,000 万人であるから，人手不足のために生産することはできない。
財市場では超過需要すなわちモノ不足のために物価が上昇する。すなわ
ちインフレである。このような状態は「**インフレ・ギャップ**」と呼ばれ
る。図では完全雇用国民所得と 650 兆円との差 EF，50 兆円が「インフ
レ・ギャップ」である。

　均衡国民所得と完全雇用国民所得との関係をみてきた。経済としては

財市場と労働市場がともに均衡する均衡国民所得＝完全雇用国民所得の状態が最も望ましい。この状態が経済の調整メカニズムがうまく機能して自動的に実現されるのであれば，問題はないが，しかし労働市場が完全雇用を実現するように機能しないとすれば，これを政策的に補完する必要がある。これは総需要管理政策とか有効需要政策といわれているものであり，この政策の効果を理論的に説明するのがマクロ経済政策のもうひとつの課題である。

練習問題

問1　総需要が消費と投資から成る経済において限界消費性向が0.5で，基礎的消費が100兆円で，投資が10兆円，そして完全雇用国民所得が500兆円であるとしたとき，次の問に答えなさい。

(1) マクロ経済モデルを示しなさい。

(2) このときの均衡国民所得を求めなさい。

(3) この経済はインフレ・ギャップにあるか，デフレ・ギャップにあるか答えなさい。

問2　基礎的消費が100兆円そして投資が20兆円であるような経済について次の問に答えなさい。

(1) 限界消費性向がそれぞれ0.8と0.2のときの均衡国民所得を計算してグラフに表しなさい。

(2) 限界消費性向が0.5のとき，貯蓄はいくらになるか。

数学注　投資の乗数プロセス──等比級数──

初項が10，公比が0.8の無限等比数列の和は次のように求められる。

$$Y = 10 + 10 \times 0.8 + 10 \times 0.8 \times 0.8 + 10 \times 0.8 \times 0.8 \times 0.8 + \cdots\cdots$$

$$= 10 \times (1 + 0.8 + 0.8^2 + 0.8^3 + 0.8^4 + \cdots\cdots)$$

$$0.8Y = 10 \times (\quad 0.8 + 0.8^2 + 0.8^3 + 0.8^4 + \cdots\cdots)$$

従って，

$$Y = 10 \times (1 + 0.8 + 0.8^2 + 0.8^3 + 0.8^4 + \cdots\cdots)$$

$$-)\quad 0.8Y = 10 \times (\quad 0.8 + 0.8^2 + 0.8^3 + 0.8^4 + \cdots\cdots)$$

$$(1 - 0.8)\ Y = 10$$

$$Y = 10 / (1 - 0.8)$$

$$= 50$$

トピックⅢ 今こそ復興のチャンス「日本経済」

1980～1990年代，日本経済は高賃金水準・物価高，さらに円高の影響で，世界の価格競争にさらされ続けてきた（**図2**）。日本の伝統文化，産業，技術力が衰退し，1990年代にはダイエー中内会長のPB商品等による価格破壊策が提唱された。

しかし，皮肉なことに，1997年をピークに物価，給与水準は下落している（**図3**）。今や，庶民派低価格帯（ファーストフード，100円均一，安価な衣料品等）が生活の基盤となり，物価の上昇が見込めるはずもない。

さらに，2000年代に入り，韓国，台湾，さらには中国の台頭による白物家電や半導体の敗北，原油高（原材料高），円高による輸出品の競争力低下により，日本の国際競争力が年々低下し続けている（**図4**）。

さらにまた，中所得国・低所得国が経済成長し，物価や賃金格差が縮小してきた現在，日本の繊細な技術力を駆使して，もう一度国際競争（輸出）に打ち勝つ絶好のチャンスである。学生諸君は，こうしたグローバル社会の厳しい競争を勝ち抜いていかなければならない。「日本の未来は学生諸君に掛かっている」と言って過言ではない。

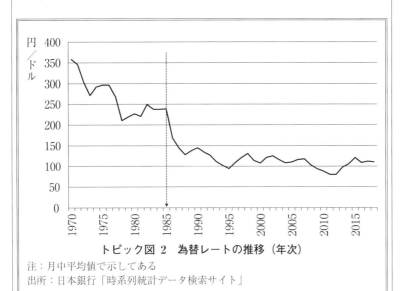

トピック図2 為替レートの推移（年次）

注：月中平均値で示してある
出所：日本銀行「時系列統計データ検索サイト」

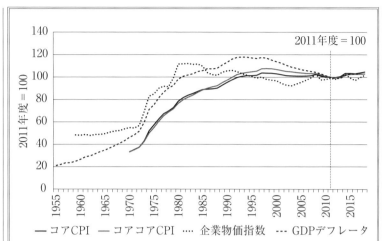

トピック図 3　物価の推移（年度）

注1：コア CPI は，生鮮食品を除く総合，コアコア CPI は，食料（酒類を除く）及びエネルギーを除く総合，企業物価指数は，総平均，これら3つは，2015 年基準を GDP デフレータに合わせて 2011 年基準に修正

注2：物価の波及経路としては，企業物価指数⇒CPI⇒支出項目各種デフレータ⇒GDP デフレータ

出所：CPI は，総務省統計局「消費者物価指数（CPI）」，企業物価指数は，日本銀行「時系列統計データ検索サイト」，GDP デフレータは，内閣府「国民経済計算年次推計」

トピック図 4　原油価格（年度）

注：CIF 単価，円建て
出所：石油連盟「統計資料リスト」

第6章　財政と財政政策

第1節　政府の経済活動と国民経済

　この章では家計による消費支出と企業による投資支出と並んで総需要の主要な構成要素である政府部門の経済活動の経済効果について考察する。

　政府の経済活動は民間部門における収入である歳入と支出である歳出に分けられる。歳入は，民間企業の収入（生産活動を通じて産み出された付加価値）に対して政府は**課税権**をもっており，税金によってまかなわれる（**図6-1**参照）。税には直接税と間接税がある。**直接税**は納税者と税の負担者が同じである所得税や法人税等であり，**間接税**は消費税や酒税等のように税の負担者は消費者であるが納税は小売業者が行うというように納税者と負担者が異なる税である。

　一方，歳出は**公共財**の供給と**所得再分配**を目的として行われる（**図6-2**参照）。第一に，公共財の供給である。現代社会は市場経済を原則としている。すなわち，われわれが日々生活するうえで必要な財やサービスの多くが市場を通じて供給される社会である。しかし，市場は万能ではなく，失敗することがある。この失敗を補完するのが政府の役割である。つまり，政府は市場でうまく供給されない財やサービスを公共財として供給する。公共財が適切に供給されれば，市場経済は効率的に機能する。第二に，**所得再分配機能**である。これは社会的公平を維持することを目的にして所得を「持てる者」から「持たざる者」へと再分配する政策である。

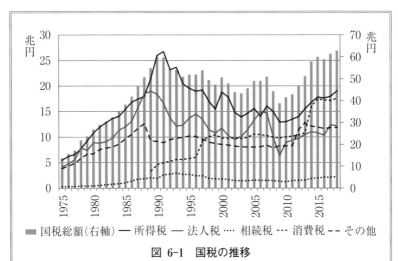

図 6-1 国税の推移

注：2016年度までは決算額，2017，2018年度は当初予算額
出所：財務総合政策研究所，『財政金融統計月報（租税特集）』第1部一般統計，
　　　第3表

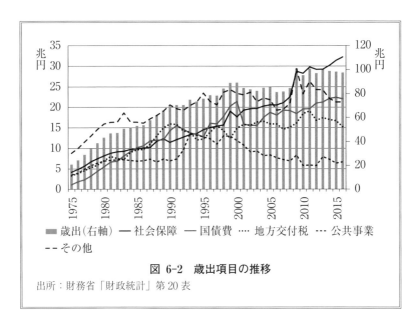

図 6-2 歳出項目の推移

出所：財務省「財政統計」第20表

　これら2つの機能は財政の基本的機能である。歳出と歳入が等しいことを**均衡財政**という。ケインズが1930年代の不況対策として有効需要政策を提唱する以前は均衡財政主義が一般的であった。ケインズは不況期に失業して活用されていない労働力資源を有効活用する方法として政府の財政を活用することを提唱した。それが有効需要の理論である。ケインズの有効需要政策の影響を受けて今日では上記2つの機能に加えて景気調整機能が加わった。政府の支出は規模が大きいがゆえに，経済全体の景気動向や経済成長に及ぼす影響は非常に大きい。以下では歳出や歳入の変動が国民所得に及ぼす影響を理論的に考察する。

第2節　財政政策と国民所得

　財政には歳入と歳出という2つの側面がある。歳入と歳出を操作することによって国民所得を操作する政策は財政政策と呼ばれる。歳入面からみた財政政策は租税政策，歳出面からみた財政政策は政府支出政策である。以下，租税政策，政府支出政策の順に政策の効果を理論的に考察する。

1．租税政策と国民所得

　租税の経済的効果をみてみる。租税には定額税と比例税という2種類の課税方法がある。定額税とは所得水準に関係なく徴収する税であり，比例税は所得水準に比例して課税する方法である。課税の仕方よって経済に及ぼす効果は違っている。その効果を理論的に分析してみよう。

1）定額税と国民所得

　国民所得から租税を差し引いた所得は，家計が実際に支出あるいは処分できる所得という意味で**可処分所得**という。可処分所得を DY で表すと，定額税の場合の可処分所得は次のようになる。

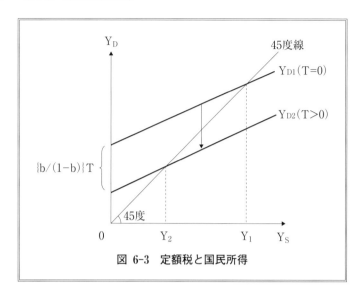

図 6-3 定額税と国民所得

$$DY = Y - T \tag{6-1}$$

Tは定額税。そして家計の消費は可処分所得に依存するのだとすれば，

$$C = a + b(Y - T) \tag{6-2}$$

である。これを投資は一定とする単純なマクロ・モデルで表すと，

$$\begin{cases} Y = C + I & (6\text{-}3) \\ C = a + b(Y - T) & (6\text{-}2) \\ I = \bar{I} & (6\text{-}4) \end{cases}$$

このとき均衡国民所得は

$$Y = \{1/(1-b)\}(a + \bar{I}) - \{b/(1-b)\}T \tag{6-5}$$

であり，課税によって**図 6-3**に示すように限界消費性向はbで変わらずに，総需要曲線は$\{b/(1-b)\}$ Tだけ下方にシフトしている。

2）比例税と国民所得

次に，比例税の効果をみてみる。比例税の場合の可処分所得は次のよ

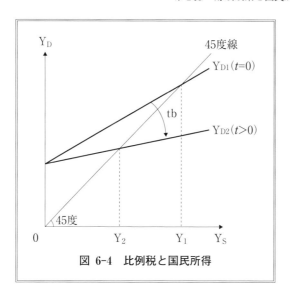

図 6-4 比例税と国民所得

うに表すことができる。

$$DY = Y - tY = (1 - t) \ Y \tag{6-6}$$

t は税率である。そして家計の消費は可処分所得に依存するとすれば，

$$C = a + b(1 - t) \ Y \tag{6-7}$$

である。これを定額税と同じ単純なマクロ・モデルで表すと，

$$Y = C + I \tag{6-8}$$
$$C = a + b(1 - t) \ Y \tag{6-7}$$
$$I = \bar{I} \tag{6-9}$$

均衡国民所得は

$$Y = [1/\{1 - (1 - t)b\}] \ (a + \bar{I}) \tag{6-10}$$

であり，比例税が課されると**図 6-4**に示すように総需要曲線は tb だけ曲線の傾きが右下方に回転している。たとえば，税率がゼロの時の限界消費性向が 0.8 であったとして，税率が 10%（0.1）なったとするならば，限界消費性向は 0.72 に減少する。

2．政府支出政策と国民所得

　政府支出が増加するとなにが起こるのだろうか。ここで政府支出とは
なにかを考えてみよう。ひとつの例として自動車の購入を考えてみよ
う。ある人が T 社のワゴン車を家族旅行を楽しむために購入したとす
れば，これは消費財である。デイケアセンターが患者の送迎用に購入し
たとすれば，投資財である。G 市の市役所が公用車として購入したとす
れば，公共財である。このように政府支出は政府が支出するから政府支
出なのであり，自動車メーカーからみれば，それが消費財であれ，投資
財であれ，公共財であれ，自動車が売れるいうことに変わりはないので
ある。従って，単純なマクロ・モデルに政府支出 G を追加することに
よって財市場の均衡条件が

$$Y = C + I + G \tag{6-11}$$

となり，モデルは次のようになる。

$$\begin{cases} Y = C + I + G & (6\text{-}12) \\ C = a + bY & (6\text{-}13) \\ I = \bar{I} & (6\text{-}14) \\ G = \bar{G} & (6\text{-}15) \end{cases}$$

　このとき均衡国民所得は

$$Y = \{1/(1-b)\}\ (a + \bar{I} + \bar{G}) \tag{6-16}$$

であり，G が ΔG だけ増加すれば，国民所得はその $(1/1-b)$ 倍だけ増加
する。たとえば，限界消費性向が 0.8 ならば，国民所得の増加分 ΔY は
5 倍である。政府支出の増加分に対する国民所得の増加分の割合

$$\Delta Y / \Delta G = 5 \tag{6-17}$$

は**財政乗数**という。図で表せば，**図 6-5** に示すように総需要曲線は政府
支出 $\Delta G(1/(1-b))$ だけ上方にシフトする。

　数値例でみると，基礎的消費が 100 兆円，限界消費性向が 0.8，投資が
10 兆円であり，政府支出が 10 兆円，すなわち G = 10 であるとすれば，

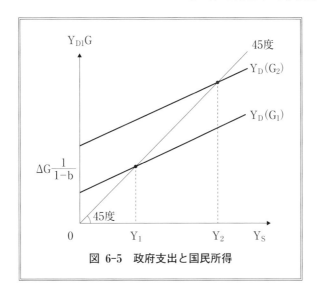

図 6-5　政府支出と国民所得

$$\begin{cases} Y = C + I + G & \text{(6-18)} \\ C = 100 + 0.8Y & \text{(6-19)} \\ I = 10 & \text{(6-20)} \\ G = 10 & \text{(6-21)} \end{cases}$$

このモデルの均衡国民所得は

$$Y = 100 + 0.8Y + 10 + 10 = 600 \qquad \text{(6-22)}$$

になる。

3．均衡財政と国民所得

　歳入と歳出はいずれも政府の経済活動であるが，両者は本来密接不可分の関係にある。一般の家計では「入るをもって出ずるを制す」すなわちいくら収入があるかを考えて支出を決めるのであるが，政府は「出ずるをもって入るを制す」すなわちいくら必要だからいくら徴収するというように行動するといわれている。しかし，理想とするのは歳入と歳出が等しくなる均衡財政であろう。それでは均衡財政は国民経済にどのよ

うな影響を与えるであろうか。

　均衡財政すなわち歳入＝歳出であるから，議論を簡単にするために定額税を仮定してG＝Tであるとしよう。そのとき前項でのマクロ・モデルは次のようになる。

$$Y = C + I + G \tag{6-23}$$
$$C = a + b\,(Y - T) \tag{6-24}$$
$$I = \bar{I} \tag{6-25}$$
$$G = T \tag{6-26}$$

　このときの均衡国民所得は

$$Y = \{1/(1-b)\}\,(a + \bar{I}) + G \tag{6-27}$$

となる。歳出分だけ国民所得が増加している。もちろん，歳入と歳出は等しいのであるから，国民所得の増加分は歳入とも等しい。計算については各自で展開してもらいたい。

　ではなぜ歳入と歳出が等しいにもかかわらず国民所得は増加するのか。しかもその増加分はちょうど歳入とも歳出とも等しくなるのか。それは次のような理由による。今，家計から100万円を税金として徴収したとしよう。家計は所得の80％を消費し，20％を貯蓄するとしよう。家計への課税によって家計の所得は100万円減少した。しかし，同時に100万円は政府による支出すなわち公共財への支出として市場に出て行っている。もし課税がなかったならば，家計は80万円しか消費せず20万円を貯蓄したはずである。しかし，政府は100％支出するので，貯蓄分が経済全体では政府支出の増加になったのである。そしてこの20万円は乗数効果を通じて，限界消費性向は0.8であるから，国民所得はちょうど5倍の100万円だけ増加することになる。それゆえ均衡財政であっても増税と同額の政府支出増は，経済に拡張的な効果をもたらすことが分かる。

第3節　自動安定化装置

　財政には所得再分配機能というもう一つの役割がある。所得再分配の本来の目的は所得分配の公正をはかり社会的安定を実現するということにあるが，この制度には景気調整効果という経済的機能があることが知られている。所得再分配機能がもっているこの機能を**自動安定化装置**という。

　ここでは失業保険を例にとってみてみる。所得再分配とは「持てる者」から「持たざる者」への所得移転のことである。これを個人の善意ではなく社会全体で相互に助け合うことを目的とした制度が社会保険制度である。失業保険制度は労働者と企業が共に保険料を出し合うことによって労働者が失業して賃金収入が途絶えたとしても労働者とその家族が生活に困ることがないようにするとともに，安心して次の仕事が探せるようにすることを保証するものである。

　失業が増加するのは不況期である。失業者が増加すればそれだけ多くの失業手当が支給されることになる。これは公的支出の増加である。政府支出の増加と基本的には変わらないので，景気を刺激する効果を持っている。また，失業保険料は一種の税金でもある。失業者は保険料を支払わないので，社会全体では保険料の減少になり減税と同じ効果をもっており，これも景気を刺激する効果を持っている。逆に，好況期には失業者は減少するので，失業保険制度からの支出は減少するので政府支出が減少し，そして保険料を支払う雇用者と企業の数が増加するので，社会全体では増税と同じ効果が発生するので，景気は抑制される。

　このように失業保険制度は，失業保険手当の支給と保険料徴収が景気変動とは逆の方向に働くので景気変動を完全になくすことはできないとしても変動幅を和らげる効果をもっている。この制度はシステム化されており，政府支出のように議会の予算審議を経る必要がないので迅速

に景気変動に対処できるという利点がある。

第4節　国民所得と完全雇用財政黒字（赤字）

　今日日本は深刻な財政問題に直面している。高齢社会において年金や健康保険制度等の社会保障支出が急速に増加する一方で経済成長が停滞しているために税収が伸び悩み歳出が歳入を大幅に超過するという事態に陥っている。この歳出超過分による財政赤字は国債発行によってまかなわれているが，その累積が今やGDPの2倍に達しようとしている（**図6-6**参照）。国債はいつかは償還しなければならない。そのためにはどのような方法があるだろうか。この節ではこの問題を考えてみよう。

　歳入と歳出との関係は①税による歳入が歳出よりも大きい状態を財政余剰（黒字），②税による歳入よりも歳出の方が大きい状態を財政赤字，

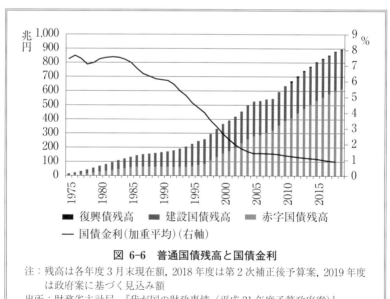

図 6-6　普通国債残高と国債金利

注：残高は各年度3月末現在額，2018年度は第2次補正後予算案，2019年度
　　は政府案に基づく見込み額
出所：財務省主計局，『我が国の財政事情（平成31年度予算政府案）』

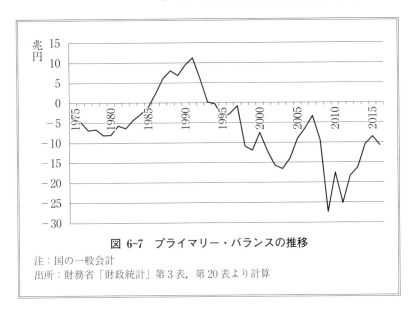

図 6-7　プライマリー・バランスの推移

注：国の一般会計
出所：財務省「財政統計」第3表，第20表より計算

そして③税による歳入と支出が等しい状態すなわち**プライマリー・バラ
ンス**（基礎的財政収支）という3つに分類できる（**図6-7**参照）。**図6-8**
には2枚の図が描かれている。下側の図は歳入（T）と歳出（G）の関係
が示されている。歳入は比例税を仮定しているので，国民所得の増加関
数である。歳出は G_1 で与えられているとする。プライマリー・バランス
を実現する国民所得は Y_1 である。これより右側は財政黒字（G＜T），左
側は財政赤字（G＞T）である。

　図6-8の上側の図は経済の生産能力と均衡国民所得を描いている。図
には3つの完全雇用国民所得水準 Y_{f1} と Y_{f2} と Y_{f3} が描かれている。Y_{f2} の
生産能力しかもっていない経済では完全雇用を実現したとしても財政は
赤字であり，プライマリー・バランスを実現することはできない。もう
一つの経済では生産能力が Y_{f3} だけあり，完全雇用を実現すれば，財政は
黒字になる。前者の経済は完全雇用財政赤字であり，後者は完全雇用財
政黒字の経済である。

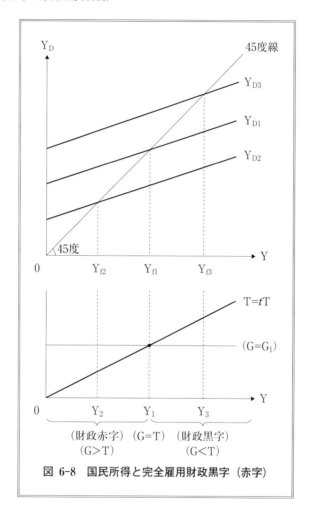

図 6-8　国民所得と完全雇用財政黒字（赤字）

　日本の財政は現在完全雇用財政赤字の状態にある。政府はプライマ
リー・バランスを回復することを当面の財政目標に掲げているが，今日
の厳しい経済情勢，雇用情勢のもとではこの目標の実現は容易ではない。
しかし，プライマリー・バランスはあくまでも当面の目標であり，累積
した国債を減らすためには完全雇用財政黒字に転換させなければならな

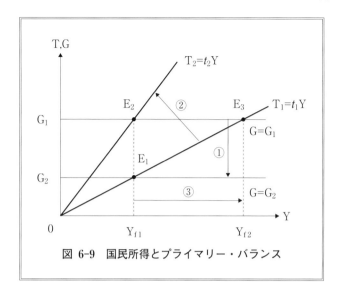

図 6-9　国民所得とプライマリー・バランス

いが，プライマリー・バランスを実現するにはどのようなやり方がある
だろうか。**図 6-9** に沿って考えてみよう。図では完全雇用国民所得は
Y_{f1} のとき，歳出は G_1 であり，歳入は E_1 であるとすれば，E_2-E_1 だけ財政
赤字である。この赤字を解消してプライマリー・バランスを達成するに
はどのような方法があるだろうか。

　第一のやり方は歳出削減である。すなわち，財政支出を現在の G_1 から
G_2 へと大幅に削減することによってプライマリー・バランスが実現でき
る。しかし，財政支出の減少は有効需要を減少させ経済は縮小するので，
投資を増やすとか，消費支出を増やすとか，この教科書では説明してい
ないが，輸出を増やす等して政府支出の削減部分を補填して総需要を刺
激しなければ完全雇用は維持できない。

　第二は増税である。すなわち，図では比例税を仮定しているので，歳
入は所得とともに増加するように描かれている。税率 t_1 の下では大幅な
歳入不足なので税率を t_2 に引き上げることによって税収を G_1 まで増や
すことができる。増税は景気抑制効果があるので，ここでも投資や消費

を増やして増税による総需要の減少分を補塡していかなければ，経済の完全雇用は維持できない。

　第三は，経済成長によって生産能力を高めて国民所得自体をY_{f1}からY_{f2}の水準まで増やすことである。新たな成長戦略が必要とされる。

　現実問題としてはこれら3つの方法のすべてを動員しなければ解決できない問題であろう。その中でもとりわけ経済成長戦略は納税者と公共サービス受給者の双方に最も負担の少ない解決方法といえよう。人口の高齢化がさらに進むなかでどのように経済を成長させればよいのか。高齢社会では年金や健康保険制度等の社会保障関連の支出はますます増加することが確実に予想できるので，年金や健康保険の支給は抑制する方向に働くであろうし，保険料率の引き上げや増税も避けては通れないであろう。しかも，人口減少にともなって労働力人口が減少する。経済を成長させるには労働生産性を引き上げるしかない。日本経済は今非常に難しい経済運営に迫られている。

練習問題

　問 1　財政がもっている 3 つの機能について説明しなさい。

　問 2　基礎的消費が 100 兆円，限界消費性向が 0.8，投資支出が 30 兆
　　　円，そして定額税が 10 兆円であるとして次の問に答えなさい。
　　　(1)マクロ経済モデルを書きなさい。
　　　(2)均衡国民所得はいくらになるか。
　　　(3)完全雇用国民所得が 600 兆円であるとすれば，経済はインフレ・
　　　　ギャップにあるのか，それともデフレ・ギャップであるのか，答
　　　　えなさい。

　問 3　基礎的消費が 100 兆円，限界消費性向が 0.5，投資支出が 20 兆
　　　円，そして政府支出と定額税がともに 10 兆円であるとして次の問
　　　に答えなさい。
　　　(1)マクロ経済モデルを書きなさい。
　　　(2)均衡国民所得はいくらになるか。
　　　(3)政府支出と定額税がともに 20 兆円になったときの均衡国民所
　　　　得は増えるか，それとも減るか。増加額あるいは減少額はいく
　　　　らか。

トピックⅣ　プライマリー・バランス（基礎的財政収支）の
2025年度黒字化達成は現実か？

　日本の経済財政において，消費税を増税すれば本当にプライマリー・
バランスは達成するのか？
　その前に，プライマリー・バランスとは，どのように計算するのか。
これは，国の一般会計（地方では普通会計）において，以下の定義式で
算出される。

　プライマリー・バランス＝（歳入－公債金）－（歳出－国債費）

　現行の国の一般会計は，概ね税収が約60兆円のところ，歳出が約100
兆である。つまり，約40兆円も足りないのである。2016年度（決算ベー
ス）のプライマリー・バランスは，マイナス10.7兆円となっている。
　ここで，消費税1％増税につき，2.3兆円程度の税収増が見込まれると
言われる。とすると，プライマリー・バランスの黒字化には5％の増税
が必要となる。
　では，消費税は上げれば良いのか，消費税増税の限界はあるのか？
　日本の経済財政において，消費税はIMFが15％，OECDは20％が必
要であると推計している。筆者の研究では，日本の消費税のラッファー
効果（これ以上増税すると逆に税収減となる分岐点）は17％が限界であ
る（Suzuki, Masakatsu, "Analysis of Japanese Economy for the Period of
2013 through 2035 -With an aid of "Long-term Macro-Econometric
Model"-," *Studies in Regional Science*, Vol. 44, No. 3, December 2014, pp.
339-356.）。

第**7**章　貨幣と金融市場

第1節　貨幣市場と債券市場と金融市場

　財市場は財やサービスを売買する市場である。消費者は購入した財や
サービスを消費して欲求を満たし，企業は生産に必要な原材料を購入し
て利益を稼ぐ。財市場の特徴は消費者に満足を，企業に利益をもたらす
ことができることである。しかし，消費されたり，原材料として利用さ
れた後は財もサービスも価値がなくなってしまうことである。

　金融市場は貨幣と債権（預金，株式，社債，国債，住宅，土地等）を交換
する市場である。貨幣（お金）は食べることも着ることもできないし，そ
れを持っていれば利益が出るというものでもなく，消費者の満足や企業
の利益に直接役にたつものではない。しかし，貨幣を銀行に預けたり，
株式等の債券を購入したりすれば，利子や配当等の価値が産み出されて
貨幣が増加する可能性があるという点にある。言い換えれば，貨幣を債
権に交換するのは自分の資産を増やす（蓄積する）ためであるといって
よい。財市場と金融市場はこの点において基本的な違いがある。

　金融市場でも財市場の需給調整と同様に**貨幣需要**と**貨幣供給**による市
場調整メカニズムが働いている。なお，金融市場が貨幣と債権の交換で
あると定義したが，貨幣需要と貨幣供給があるとするならば，**債権需要**
と**債権供給**があってもよいではないかという疑問をもつ読者がいるであ
ろう。実は貨幣市場と債券市場は鏡の裏と表のような関係にあるので，
一方を分析すれば自動的にもうひとつの市場を分析したことになる。こ
れは**ワルラス法則**といわれるものである。

　簡単な事例で説明しておこう。ある平均的な個人がおり，その人が 100 万円の資産をもっていて，これを貨幣と債権に分割して所有しておきたいと考えている。現在は現金を 50 万円，株式を 50 万円もっているが，理想としては現金を 20 万円にして株式を 80 万円にしたいと思っている。この人にとって現金は 20 万円で良いと思っているのに 50 万円が手元にあるので，30 万円だけ超過供給である。一方，株式は 80 万円持ちたいと思っているのに 50 万円しか持っていないので 30 万円だけ超過需要の状態になっている。このように 100 万円という枠の中で貨幣と債権の持ち分比率を変えるのであるから貨幣市場を分析すれば自動的に債券市場も分析したことになるのである。

　さて，そこでこの章では貨幣需要と貨幣供給がどのように決定されて，どのように調整されるのかを明らかにする。第 2 節では貨幣の需要理論を，第 3 節で貨幣の供給理論を，第 4 節で貨幣供給と貨幣需要による市場均衡のメカニズムを説明し，金融市場で利子率がどのように決定されるのかを理論的に考察する。

第 2 節　貨幣需要

　貨幣（お金）には 1 万円札，5 千円札，2 千円札，千円札等の紙幣と 500 円，100 円，50 円，10 円，5 円，そして 1 円等の硬貨がある。紙幣は日本銀行が発行するので日本銀行券とも呼ばれる。硬貨は財務省が発行する。すでに述べたように，紙幣や硬貨は食べられるわけではないし，着られるわけでもない。それにもかかわらずわれわれがお金を欲しがるのはどうしてか。それはお金がもつ「便利さ」のためである。以下では貨幣が持っている**交換機能**と**価値貯蔵機能**という 2 つの主要な「便利さ」の機能を中心に説明することにしよう。

1．貨幣の機能

1）貨幣の交換機能：取引を効率化する機能

ここに私が書いた教科書がある。値段は1,500円。この1,500円の本を一冊売るということは，「あなたにこの本を一冊あげるから代わりに千円札を一枚と500円玉を一枚ください」ということである。逆に，学生にとっては「1,500円出すから教科書を一冊ください」ということである。これが貨幣の交換機能である。

もしこの世の中にお金というものがなかったらどうなるだろうか。私が『マクロ経済学入門』の本を1冊もっていて，これと交換に1,500円のステーキランチを食べたいと思っているとしよう。このような交換を物々交換という。私はステーキランチを出しているレストランを一件一件回って『マクロ経済学入門』が欲しいと思っているレストランのオーナーを探さなくてはならない。はたしてそんなレストランを見つけることはできるだろうか。気の遠くなるような時間と体力が必要ではないだろうか。

一般論で言えば，物々交換が成立するためには⑴教科書とステーキランチを交換してもよいという人に出会うこと，⑵教科書1冊1,500円とステーキランチ1,500円を交換してもよいという交換比率が一致している人に出会うことという2つの偶然が一致しなければならない。この偶然は「二重の偶然」と呼ばれる。ところが，貨幣経済ではこれがいとも簡単に行われる。社会のすべての人が共通して欲しがっているものがあればよい。貝殻でもよいし，タバコでもよいし，石ころでもよい。重要なことは「これは誰もが受け取ってくれるもの」であることである。一種の信用である。教科書1冊を1,500円の貨幣と交換してレストランに行ってステーキランチを注文すればよい。

2）貨幣の価値貯蔵機能

今日のように高度に進んだ貨幣経済の下では，交換を計画的にしなけ

ればならない。たとえば，毎月 19 日に給与を振り込まれるサラリーマンの場合，この月給を一ヶ月の間に計画的に支出しなければならない。一晩で使い切ってしまったのでは生活ができなくなってしまうからである。

　別の例をみてみよう。私が3日後に友人が遊びに来ることになったので新鮮な魚を料理してもてなしたいと考えていたとき，幸いにも教科書が 1,500 円で売れたとしよう。このとき，今日 1,500 円で魚を買っておいて冷凍しておくことも可能である。だが，できれば新鮮な魚を出してあげたい。そのときは3日後の当日の朝に買うのがよい。そのためには，1,500 円を3日間「使わないで貯めて」おかなければならない。3日ぐらいなら銀行に預けるまでもないだろう。タンスのなかにしまっておいて3日後近くのスーパーに行って新鮮な魚を買うことができる。当日，友人の都合が悪くなって約束を一週間延ばすことになったとしても，一週間延ばすだけでよい。このように貨幣は価値を時間を通じて持ち越すことができるという機能をもっている。これが貨幣の価値貯蔵機能である。

2．貨幣需要

貨幣需要には**取引需要**と**投機的需要**がある。

1）貨幣の取引需要

　現代は市場経済の時代である。日常生活や生産活動に必要なものの多くが市場を通じて供給されるようになっている。かつては家庭の仕事であると思われていた育児や食事等も育児サービス業や外食産業が発達したことで企業によって供給されるようになり，われわれの生活の中で市場に依存する範囲は急速に拡大している。市場では財やサービスは貨幣と交換されるので，家計は日々の生活を維持するためには貨幣が必要である。企業も，また，従業員に賃金を支払ったり，原材料を仕入れたりするために必要な貨幣を手元においておかなければならない。家計にせ

よ企業にせよ日常生活や生産活動には貨幣の保有が欠かせないのである。こうした日常の生活や生産に必要な貨幣は貨幣の取引需要と呼ばれている。基本的には貨幣の交換機能による需要である。

　この取引需要の大きさはどのように決まるのか。家計の場合，所得水準の高い人と低い人では高い人ほど財布の中に入れて持ち歩くお金は多くなると考えられるので，家計の取引需要は所得水準の大きさに比例するであろう。企業の場合，企業規模が大きいほどより多くの人を雇い，より多くの原材料を購入しなければならないであろうから，事務所の金庫に準備しなければならないお金の量は大きくなると考えられるので，企業の取引需要は売上高規模に比例して大きくなるであろう。従って，家計の所得と企業の売上高は国民所得が大きいほど大きくなるので，取引需要は国民所得に比例すると考えられる。貨幣の取引需要（M^D_1）は

$$M^D_1 = m_1 \times 国民所得 \qquad あるいは \qquad M^D_1 = m_1 \times Y \qquad (7\text{-}1)$$

と表すことができる。m_1は所得の一定割合を保有する係数であり，$0 < m_1 < 1$ である。

2）貨幣の投機的需要

　貨幣の投機的需要について考えてみよう。家計が貧しくて貯蓄する余裕がないとすれば，収入はもっぱら生活費に当てられるので，すべてが取引需要になる。しかし，経済が成長し，家計に貯蓄する余裕ができたらどうなるのか。取引需要を超えた貨幣が手元に残るようになる。手元に残された資金は資産として運用されるであろう。すなわち，価値を貯蔵して将来の子どもの教育資金に，老後の蓄えに使われるようになる。換言すれば，今手もとにある価値を将来に持ち越すということである。

　資産運用の方法は様々である。金利は低くても安全性を優先して銀行預金にする方法もある。もっと積極的に運用するために株式を購入して運用する方法もある。株式を購入する人は配当金を期待する人もいるだろうが，株式購入の妙味は株式の運用益である。すなわち，株を 100 円で買って 200 円で売る。その差額 100 円が差益になる。しかし，株式価

格は日々変動するので，得をすることも損をすることもある。その意味
でこのような資金運用は投機的である。

　株式は非常に価格変動の激しい債権である。それゆえに，株価が低い
ときに買って高くなったときに売ることができる。株価が低下から上昇
に転ずる点を「底値」といい，逆に上昇から低下に転ずる点を「天井値」
という。この底値と天井値が事前に分かっていれば，天井値の時に売っ
て現金を手元に置いておいて底値を待って買い戻せばよい。たとえば，
天井値が200円であり，底値が100円だったとしよう。天井値の200円
は底値の2倍であり，2倍の株を買い取ることができる。そうすれば，
配当収入も2倍になる。従って，天井値から底値までの期間貨幣を保有
することは利益につながることになるのである。逆に，底値のときに貨
幣がなければ，利益を手に入れることはできない。

　株価が循環的に変動するかぎり天井値と底値は必ずあるが，現実には
それらがいくらで，いつ来るのかが分からない。そこで人は天井値と思
われるところで売って次の底値が来るまで貨幣を保有しながら待ち続け
るのである。底値すなわちこれから値があがるという「有利な話」がやっ
て来ることを期待しながら手元に貨幣を持って時節到来に備えるのであ
る。これはまさに投機である。その意味でこのような動機で保有される
貨幣は投機的需要といわれる。

　では経済学では株価はどのように決まると考えているだろうか。額面
が100円で，1株当たり10円の配当がある株式を例にみてみよう。この
とき，**配当率**（＝配当額÷額面価格（株価））は10％である。ここでは2つ
のことに留意しなければならない。⑴企業が支払う配当金は株式の**額面
価格** 100円に対して10円の配当金を支払うということ。⑵市場での株
式価格は証券取引所の売買で決まるので，額面100円の株を100円で買
うことができるという保証はないことの2点である。もし買い手が多く
200円でなければ買えないとすれば，配当率は5％（＝10円÷200円）に
なるということである。配当率は，配当額が同じだとすれば，株価が高

いときは配当率は低く，株価が安いときは配当率が高い。株価と配当率は反比例する。

　額面価格と市場価格との関係をもう少し詳しくみておこう。額面価格を B，配当率を k で表すとする。そしてこの配当率は永久に変わらないものとする。このような債権は**永久確定利付債権**（**コンソル債**ともいう）という。この債権 B を額面価格で購入した人は永久に kB 円の配当を得ることができる。しかし，第 4 章の割引現在価値で説明したように 1 年後の kB 円と 2 年後の kB 円とは価値が異なるので，1 年後，2 年後の配当の割引現在価値を合計したものがこの債権の市場価値ということになる。市場利子率を r とすれば，この債権の市場価格 M は次のようになる。

$$M = kB/(1+r) + kB/(1+r)^2 + kB/(1+r)^3 + \cdots\cdots = kB/r \quad (7\text{-}2)$$

　(7-2) 式から債権の市場価格は利子率に反比例することがわかる。額面価格と市場価格との関係は①k＝r ならば，M＝B，②k＞r ならば，M＞B，③k＜r ならば，M＜B という 3 つの可能性がある。

　もう少し具体的に言えば，手元に現金や銀行預金等の貨幣をもっている人々は銀行預金の利子率が 5％で，株式の配当率が 10％だったらどのように行動するか。配当率が高いので株式に投資する方が有利だから，銀行預金を引き出して株式を買いに行く人が増えて株価は上昇する。その結果，株価が 200 円まで上がったとすれば，このとき配当率は 5％で，銀行預金の利子率 5％と同じになる。株式と銀行預金は無差別になる。逆に，配当率よりも利子率の方が高い場合には株式を売って銀行預金にしようという人が増えるので，株式価格は配当率と利子率が等しくなるまで低下すると考えられる。すなわち，利子率よりも配当率の方が高いときには株価は上昇し，逆に利子率よりも配当率が低いときには低下する。配当を得ることを目的に行動する人はこのように行動する。

　一般論で言えば，利子率が高いとき，多くの人は債券価格が安いので底値に近づいたと判断するようになり，手元の現金や銀行預金を手放し

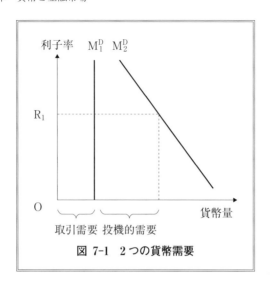

図 7-1 2つの貨幣需要

て債権を手に入れようとし，逆に利子率が低いときには債券価格は天井値に近づいていると考える人が多くなって債権を売って現金にしようとするのである。従って，貨幣の投機的需要は利子率が高くなると減少し，低くなると増加する。すなわち，貨幣の投機的需要は利子率の減少関数であるという。

3）貨幣需要

貨幣の投機的需要を M^D_2，r を利子率，m_2 を利子率の係数とすれば，M^D_2 は

$$M^D_2 = -m_2r \tag{7-3}$$

と表すことができる。

貨幣需要は貨幣の取引需要と投機的需要によって構成されるので，

$$M^D = M^D_1 + M^D_2$$
$$= m_1 \times Y - m_2r \tag{7-4}$$

のように表すことができる。図で表すと**図 7-1** のように貨幣の取引需要は利子率とは独立しており，投機的需要は右下がりの曲線になっている。

第3節　貨幣供給

1．貨幣の定義

　日常生活なかでは紙幣や硬貨等の現金通貨が最も頻繁に利用されているので，貨幣といえば現金通貨というのが生活者の感覚であろう。しかし，1億円とか2億円という大口の取引については現金をジュラルミンのケースの詰めて運ぶのは不便であり，物騒でもある。便利さと安全性を考えれば，小切手の方がよい。だとすれば，小切手のような**当座預金***も「貨幣」のなかに含めてもよいではないかということになる。さらに，預金には**普通預金**や定期預金等いくつかの種類がある。普通預金は当座預金に比べて小切手化するのに時間がかかるかもしれないが，現金化するのは容易である。このように現金化のしやすさの度合いのことを経済学では「**流動性**」と呼んでいる。

　現金も預金も資産である。資産の中には流動性の高いものと低いものとがある。現金は100％の流動性を持つ。小切手つまり当座預金の流動性は現金とほとんど変わらない。普通預金は上述のように少し時間はかかるが銀行の窓口やATMでいつでも現金にできる。定期預金はどうか。現金化するには預金の解約にかなりの時間がかかるので，現金と同等という訳にはいかない。しかし，満期まで現金化できないというわけではない。このように預金と貨幣は区別するのは難しい。そこで，金融の世界では「現金や通貨」に加えて「預金」も貨幣に含めるのが慣例になっている。一般に，(1)現金は**現金通貨**，(2)当座預金や普通預金等は**預**

---

　*当座預金：口座にお金を預けていても普通預金のように利息が付くことはないが，小切手を振り出す事ができるので会社や商売をしている事業主等の「決済口座」として利用されていることが多い。当座預金では普通預金のように通帳は発行されず，照合表といわれる取引の明細書が送られ，それにより取引の内容や残高を把握する。

金通貨，(3)定期預金，定期積金や外貨預金等は**準通貨**と呼ばれている。そして，現金通貨と預金通貨と準通貨を合計したものが**通貨残高**であり，これは**マネーストック**と呼ばれることもある。

　日本銀行の金融統計では，通貨残高は「マネーストック平均残高」として示されているが，このM1，M2，あるいはM3で次のように定義される。

> M1＝現金通貨＋預金通貨
>
> M2＝M1＋準通貨
>
> M3＝M2＋（郵便貯金＋農協・漁協等の預貯金等）
>
> 広義流動性＝M3＋（投資信託＋国債＋金融債＋社債等）

2．中央銀行と市中銀行：貨幣の流れ

　貨幣には現金通貨と預金通貨とがあることが理解されたであろう。では，この貨幣はだれがつくるのか。紙幣は日本銀行券（以下，日銀券という）であるから，文字通り，日本銀行が発行している。なお，硬貨は補助貨幣と言われるほど通貨全体に占める割合は小さいが，財務省によって鋳造されている。ここでは紙幣だけを取り上げることにしよう。以下では，日本銀行が発行した日銀券はどのようなルートを通して市中銀行に流れてくるのかを考えよう。

　日本銀行は日本で紙幣発行権を与えられている唯一の銀行である。このような紙幣発行権を認められた銀行は**中央銀行**と呼ばれる。アメリカでは連邦準備銀行，イギリスではイングランド銀行がこれに相当する。日本銀行は別名「政府の銀行」とか「銀行の銀行」と呼ばれるように日本政府と**市中銀行**＊とだけ取引する銀行であり，国民や民間企業とは取引しない。市中銀行は日本銀行との取引を通じて日銀券を手に入れて，企業や消費者に貸し付ける。市中銀行は次のような3つの経路を通じて

　＊市中銀行：民間の銀行。狭義には都市銀行のみを意味するが，広義には都市銀行に地方銀行を含めた普通銀行をさす場合もある。

日銀券を手に入れている。

　⑴市中銀行は保有する外国通貨（通常はアメリカ・ドル）を日銀に売って日銀券を受け取る。

　⑵市中銀行は保有する国債を日銀に売って日銀券を受け取る。

　⑶市中銀行は保有する国債や商業手形を担保にして日本銀行から日銀券を借り入れる。なお，この日本銀行が市中銀行に貸し出す金利は公定歩合と呼ばれていたが，2001 年からは「**基準貸付利率**」または「**基準割引率**」と呼ばれている。

3．銀行組織と貨幣創造

　市中銀行は営利企業であるから，利潤を追求する。利潤は収入と費用との差額である。その利潤はどこで生まれるのか。銀行の収入は企業に貸し付けた資金に対する利子率（貸出利子）と証券購入から得た配当金等であり，費用は預金者に対する預金利子と日本銀行からの借入に対する利子の支払いと行員の賃金や地代等である。

　　　利潤＝収入－費用＝（貸出利子＋配当）－（預金利子＋賃金＋地代）

　貸出利子と預金利子の差額は利ざやと呼ばれるが，企業の資金需要が旺盛なとき，企業は貸出利子が高くとも競って借入をしようとするので，利ざやは大きくなる。このような状況では，銀行は資金さえあれば利潤を獲得するチャンスがあると考えるので，日本銀行への借入意欲は強く，日本銀行が市中銀行の要求に応えて資金を供給すれば，マネーストックは増加する。企業の投資意欲が弱いときはこれとは全く逆のことが起こる。

4．信用創造メカニズム

　貨幣供給 M_1 は現金通貨と預金通貨からなる。現金通貨（日銀券）は日本銀行によって発行され，預金通貨は市中の銀行組織によって作られる。その仕組みを簡単な例を使って説明をしよう。A 銀行が B 社から 100

万円の現金通貨を預かったとしよう。A 銀行がこの 100 万円を金庫の奥深くにしまい込んでしまったとすれば，この現金通貨は市場には出回らないので貨幣供給は増加しない。

　しかし，銀行は預金準備制度のもとで営業活動を行っている。預金準備制度とは銀行に預けられた預金の一部を預金の払い戻しのための準備金として金庫に残し，残りは貸し出してもよいという制度である。預金準備率は日本銀行によって決定される。預金準備率が 10％ であったとすれば，先の A 銀行は入手した 100 万円のうち 10％ の 10 万円を準備金として残し，残る 90％ の 90 万円を企業に貸出すことができる。

　それでは，銀行組織は一体いくらまで預金通貨を作り出すことができるのだろうか。例で説明しよう。そのために次の仮定をおく。(1)銀行 A が日本銀行に米ドルを売って 100 万円の現金通貨を新たに手に入れたとしよう。現金通貨 100 万円が市場に注入されたことになる。(2)預金準備率は 10％，(3)各銀行は貸出限度額一杯まで貸出す，(4)借入れた企業はそれを支払先企業に支払う，(5)それを受け取った企業は全額自社の取引銀行に預金する。

　ステップ①：銀行 A の 100 万円は全額自己資金である。従って，預金準備金なしに全額を貸出すことができる。これを企業①に貸出し，企業①はこれを企業②への支払いにあてた。企業②は受け取った代金を全額を銀行 B に預金する。

　ステップ②：銀行 B に 100 万円の預金が生まれる。銀行 B は預金準備金 10 万円を金庫に残して 90 万円を企業③に貸付け，企業③はそれを企業④に代金として支払った。企業④はこれを銀行 C に預金する。

　ステップ③：銀行 C に 90 万円の預金が生まれる。銀行 C は預金準備金 9 万円を金庫に残して 81 万円を企業⑤に貸付け，企業⑤はそれを企業⑥に代金として支払った。企業⑥はこれを銀行 D に預金した。

　こうしたステップがどんどん進んでいったらどうなるのか。これまでの過程を整理してみよう。銀行 A には新たな貸付はあるが，現金はな

い。しかし，預金は銀行Ｂで100万円，銀行Ｃで90万円，銀行Ｄで81万円だけ新たに増えている。3つの銀行で合計271万円の預金が生まれている。(現金通貨)→貸出→支払→(預金通貨)→貸出→支払→(預金通貨)→‥‥‥という過程が延々と続いていくならば，預金は100万円＋90万円＋81万円＋72.9万円＋‥‥‥と増え続けることになる。これは次のよう表すことができる。

> 銀行Ｂ　　　100万円
>
> 銀行Ｃ　　　90万円＝$100 \times (1-0.1)$
>
> 銀行Ｄ　　　81万円＝$90 \times (1-0.1)$
>
> 　　　　　　　　　　　＝$100 \times (1-0.1)^2$
>
> 　　　　　　　$\vdots$

　これは第6章の投資理論で説明した等比級数である。計算によれば，最終的には1,000万円まで増加する。一般的には次のように計算することができる。

> 預金通貨＝(1/預金準備率)×新たに注入された現金通貨

　この例では預金準備率が10％と仮定したので，$1 \div 0.1 = 10$であり，新たに注入された100万円の10倍の預金通貨が生み出されたのである。この10倍（＝1/預金準備率）は**信用乗数**と呼ばれる。新たに注入された現金通貨は別名マネタリーベースと呼ばれることもある。以上が**信用創造メカニズム**である。貨幣供給は預金準備率という非経済的な要因によって決定されるのであり，利子率とは独立している。

第4節　利子率の決定：貨幣市場の均衡

この節では貨幣市場の均衡について説明する。

1．貨幣市場と債券市場の均衡と利子率決定

図7-2には貨幣需要曲線*と貨幣供給曲線**とが描かれている。貨幣

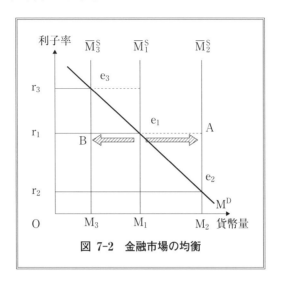

図 7-2　金融市場の均衡

需要曲線 M^D は図 7-1 の貨幣の取引需要 M^D_1 と貨幣の投機的需要 M^D_2 を合計した右下がりの直線である。一方，垂直に描かれた3本の直線 $\overline{M}^S_1$，$\overline{M}^S_2$，$\overline{M}^S_3$ は貨幣供給曲線である。マネーストックは利子率とは関係なく日本銀行によって決定されるから，貨幣供給曲線は垂直である。

　最初に，貨幣需要曲線が M^D で，貨幣供給曲線が $\overline{M}^S_1$ であるとする。このとき，需給の均衡点は e_1 であり，均衡利子率は r_1 である。債券を売って現金を手にしたい量（貨幣需要量）と現金を手放して債券を手に入れたいという量（貨幣供給量）がちょうど等しくなっているので，債券価格も利子率も安定している。

　貨幣供給量が変化すると利子率はどうなるか。貨幣供給量が増加して貨幣供給曲線が直線 $\overline{M}^S_2$ にシフトしたとすれば，市場には余剰資金が生

---

　*貨幣供給曲線：縦軸に利子率，横軸に貨幣供給をとったグラフで，「貨幣供給量は利子率に影響されない」という垂直の線分。
　**貨幣需要曲線：縦軸に利子率，横軸に貨幣需要をとったグラフで，「利子率が高いほど貨幣需要は減少し，利子率が低いほど貨幣需要は増加する」という右下がりの曲線。

まれるので，債券を売って現金を手に入れたいという量よりも現金を手放して債券を手に入れたいという量の方が多くなる。換言すれば，貨幣市場ではe_1-A だけ貨幣に対する超過供給が，債券市場では債券に対する超過需要が生じている。従って，債券市場では買い手の方が多くなるので，債券価格が上昇する。債券価格が上昇すれば，債券を売って現金を手に入れたいという人が出てくるので，市場の不均衡は次第に縮小する。一方，利子率は債券を売って現金を手に入れた人が増加するので，銀行預金の量が増加して低下する。こうした市場調整は新たな均衡利子率 r_2 が実現するまで続くことになる。

　逆に，貨幣供給量が減少すると貨幣供給曲線が $\overline{\mathrm{M}}{}^{\mathrm{S}}_3$ のように左方にシフトして貨幣市場では e_1-B の超過需要が，債券市場では超過供給が発生して債券価格は低下し，利子率は上昇する。その過程は利子率が r_3 に上昇して新たな市場均衡 e_3 が実現するまで続く。

　このように貨幣市場では通貨残高（マネーストック）が増加（減少）すると利子率は低下（上昇）するので，金融当局はマネーストックをコントロールすることによって利子率を操作することができる。政府は中央銀行のもつこの機能を使って利子率を管理し，経済を管理しようとする。これが金融政策である。

2．貨幣供給に対する利子率弾力性

　次に，マネーストックの変化によって利子率はどの程度変化するであろうか。マネーストックに利子率が敏感に反応するのであれば，金融政策は非常に有効であり，逆に利子率がほとんど反応しないということであれば，金融政策は有効でないということになる。そこで，貨幣供給に対する利子率の弾力性*についてみてみよう。

---

*弾力性：ある経済変数 x が 1 ％変化したとき，それに反応して他の変数 y が何 ％変化するかを測る尺度をいう。x が Δx だけ変化し，y が Δy だけ変化するときには，y の x についての弾力性は，$\dfrac{\Delta y/y}{\Delta x/x}$ で示される。

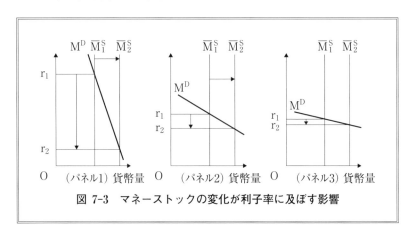

図 7-3　マネーストックの変化が利子率に及ぼす影響

図7-3は，貨幣供給量の変化が利子率に及ぼす影響を直感的に理解できるように 3 枚のパネルを描いている。パネル 1 は貨幣需要曲線の傾きが急であり，パネル 3 は緩やかであり，パネル 2 はその中間である。パネル 1 は貨幣供給量が $\overline{M}^S_1$ から $\overline{M}^S_2$ にシフトすると，利子率は r_1 から r_2 へと急激に低下しており，貨幣供給量の変化に対して利子率は弾力的に変化している。逆に，パネル 3 は貨幣供給量の変化に対して利子率がほとんど反応していない。この場合利子率は非弾力的である。パネル 2 は中間である。

3．貨幣市場の需給均衡モデル

最後に，以上の貨幣市場の均衡について整理しておこう。

（需給均衡条件）	$M^S = M^D$	(7-5)
（貨幣供給）	$M^S = \overline{M}^s$	(7-6)
（貨幣需要）	$M^D = M^D_1 + M^D_2$	(7-4)
（貨幣の取引需要）	$M^D_1 = m_1 Y$	(7-1)
（貨幣の投機的需要）	$M^D_2 = -m_2 r$	(7-3)

　このモデルを整理すると

$$M^S = m_1 Y - m_2 r \tag{7-7}$$

となる。これをさらに整理すると，

$$Y = (1/m_1)\ M^s + (m_2/m_1)\ r \tag{7-8}$$

　この式は金融市場における需要と供給が等しくなるような国民所得と利子率の関係を示している。この式は第8章で使うので覚えておいて欲しい。

練習問題

　問1　配当率と利子率は等しくなる傾向があるが，その理由を理論的に説明しなさい。

　問2　次の2つの質問に答えなさい。(1)所得が増加すると貨幣の取引需要はどのように変化するか。(2)貨幣の取引需要が増加すると利子率はどのように変化するか。

　問3　貨幣の3つの機能について説明しなさい。

　問4　信用創造メカニズムの項を読んで，預金準備率が5%のときの信用乗数はいくらで，預金通貨はいくらになるかを計算しなさい。

第**8**章　IS-LM分析と経済政策

はじめに

　財市場の均衡と金融市場の均衡についてはここまで詳しく説明してきた。財市場では国民所得の決定メカニズムを説明し，金融市場では利子率の決定メカニズムについて説明した。しかし，それぞれの市場は独立に存在してるわけではなく密接に関連し合っている。この章ではこれら2つの市場がどのように関連しているのかを説明する。第1節では財市場と金融市場について2つの市場間の相互依存関係をより明示的にモデル化し，**IS曲線**と**LM曲線**という新たな概念を説明する。第2節では財政政策と金融政策が2つの市場間の依存関係によってどのように影響を受けるのかを説明し，第3節では財政政策や金融政策等の有効需要政策の有効性に関する議論を整理する。

第1節　財市場と金融市場の均衡：IS曲線とLM曲線

1．財市場の均衡とIS曲線

　財市場の均衡から始めよう。総需要は消費支出，投資支出，政府支出の3つからなるものとし，次のように整理する。

$$Y = C + I + G \tag{8-1}$$
$$C = a + bY \tag{8-2}$$
$$I = d - er \tag{8-3}$$

$$\lfloor G = \bar{G} \tag{8-4}$$

このモデルを国民所得 Y について整理すると,

$$Y = (a + bY) + (d - er) + \bar{G}　より,$$

$$Y = (1/1 - b)　(a + d + \bar{G}) - (e/1 - b)　r \tag{8-5}$$

のようになる。この式の限界消費性向 b, 基礎的消費 a, 独立投資 d, 投資の利子率反応係数 e はモデルの外部で決まる変数であり, 政府支出 $\bar{G}$ は政府が決定する変数である。この式は利子率の変化に対して国民所得がどのように反応するかを示しており, その反応の大きさは係数 (e/1 − b) によって決まる。すなわち, (8-5) 式は<u>財市場が均衡するような利子率と国民所得との関係</u>を表しており, このような利子率と国民所得の組合せは決してひとつではないことを意味している。これを IS 曲線と呼ぶ。

なお, 以下の説明を容易にするために数値例をあげておこう。次のように仮定する。b = 0.8, a = 100 (兆円), d = 10 (兆円), e = 100, そして政府支出 (G) は 10 (兆円) であるとすると,

$$\left\{ \begin{array}{ll} Y = C + I + G & (8\text{-}6) \\ C = 100 + 0.8Y & (8\text{-}7) \\ I = 10 - 100r & (8\text{-}8) \\ G = 10 & (8\text{-}9) \end{array} \right.$$

これを国民所得 Y について整理すると,

$$Y = 600 - 500r \tag{8-10}$$

この式は利子率が上昇すると投資が減少して国民所得が減少することを表している。**図 8-1** は縦軸に利子率を測り, 横軸に国民所得を測っており, 右下がりの直線は IS 曲線である。財市場における国民所得は利子率の減少関数である。

なお, 投資関数において投資が利子率に全く反応しない場合には投資は独立投資 (d = 10) だけになる。

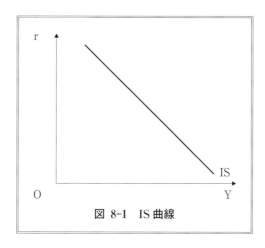

図 8-1　IS 曲線

2．金融市場の均衡と LM 曲線

　次に，金融市場の均衡についてみてみよう。前の章で説明した貨幣需要の均衡条件，貨幣供給，および貨幣需要を再掲する。

$$M^D = M^S \tag{8-11}$$
$$M^S = \overline{M}^S \tag{8-12}$$
$$M^D = m_1 Y - m_2 r \tag{8-13}$$

これを国民所得 Y について整理すると次のようになる。

$$\overline{M}^S = m_1 Y - m_2 r \quad \text{より,}$$
$$Y = (1/m_1)\,(\overline{M}^S + m_2 r) \tag{8-14}$$

これは金融市場が均衡するような国民所得と利子率の関係を示している。**図 8-2** はこれを図示している。ここでは国民所得は利子率の増加関数である。この曲線を LM 曲線と呼ぶ。

　なお，LM 曲線は金融市場の本来の意味から言えば，$r = (1/m_2)\,(m_1 Y - \overline{M}^S)$ と表すべきである。なぜなら，われわれが知りたいのは貨幣供給の変化に利子率がどのように反応するのかということだからである。たとえば，もし貨幣を増やしても利子率が反応しないのであれば，金融政

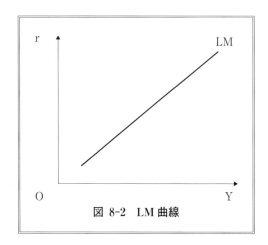

図 8-2　LM 曲線

策は有効ではないということになる。それにもかかわらず（8-14）式を使うのは IS 曲線と LM 曲線を連立させて 2 つの市場の相互依存関係を分析したいからである。

　財市場の数値例（8-10）式に合わせて金融市場も数値例をあげておこう。貨幣供給量は 50（兆円），貨幣の取引需要の係数は 0.5，投機的需要の係数は 1000 とする。

$$M^D = M^S \tag{8-15}$$
$$M^S = 50 \tag{8-16}$$
$$M^D = 0.5Y - 1000r \tag{8-17}$$

これを国民所得 Y について整理すると次のようになる。

$$Y = 100 + 2000r \tag{8-18}$$

3．財市場と金融市場の同時均衡

　上記の IS 曲線と LM 曲線を一緒にすると，**図 8-3** のようになる。IS 曲線上は財市場が均衡しており，LM 曲線上は金融市場が均衡しているのであるから，2 つの曲線の交点において財市場と金融市場は同時に均衡している。ちなみに，数値例の IS 曲線（8-10）式と LM 曲線（8-18）

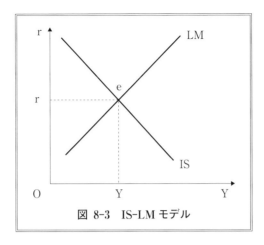

図 8-3　IS-LM モデル

式についてみれば,

$$Y = 600 - 500r \qquad (\text{IS 曲線}) \qquad (8\text{-}19)$$

$$Y = 100 + 2000r \qquad (\text{LM 曲線}) \qquad (8\text{-}20)$$

均衡国民所得は 500（兆円）, 均衡利子率 0.2（20%）になる。各自で計算してみるとよい。

第2節　財政政策と金融政策の経済的効果

1. 金融政策の経済的効果

図 8-4 には IS 曲線と2本の LM 曲線が描かれている。曲線の下側に記した数字は第1期と第2期の状態を表している。第1期の状態すなわち IS_1 と LM_1 のとき, 均衡点は e_1 であり, 利子率と国民所得はそれぞれ r_1 と Y_1 で均衡している。

政府が金融を緩和して貨幣供給量を増加させたらどうなるか。貨幣供給量が増加するので, LM 曲線は LM_1 から LM_2 へと右方にシフトする。均衡点は e_2 に移動して, 利子率は r_1 から r_2 へと低下し, 国民所得は Y_1 か

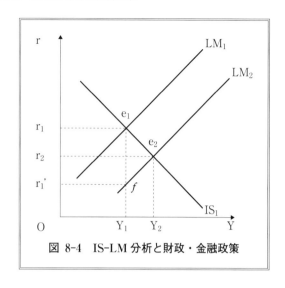

図 8-4　IS-LM 分析と財政・金融政策

らYₐへと増加している。貨幣供給量の増加すなわち金融緩和政策は利子率を下げて国民所得を増加させる効果があるということである。貨幣供給量を増加させる金融政策は金融緩和政策，逆に貨幣供給量を減少させる金融政策は金融引き締め政策と呼ばれる。

　ここでもし貨幣供給量が増加しても国民所得が増加しなかったとき利子率はどうなるだろうか。図でいえば，均衡点はe_1からfに移り，利子率はr_1'まで低下していたはずである。利子率が低下すれば，投資が増加して国民所得を増加させる。しかし，国民所得が増加すれば，貨幣の取引需要が増加して投機的需要を圧迫するので，債券価格は下落して利子率は揺り戻してr_2まで上昇する。この揺り戻しによる利子率の上昇は投資の増加効果を小さくする。要約すれば，貨幣供給の増加は金融市場では利子率の低下を引き起こすが，財市場では利子率の低下によって投資需要が増加して国民所得が増加するので，これが金融市場にはね返って利子率を引き上げる。このように金融市場と財市場とは相互に依存し合いながら最終的にe_2という新たな均衡をもたらすのである。

2．財政政策の経済的効果

　政府支出の増加はすでにみたように国民所得を増加させる効果があ
る。しかし，これには前提条件がある。すなわち，政府支出を増加させ
ても投資が減少しないという条件である。しかし，国民所得の金融市場
への影響によってこの影響が出てくることがある。

　IS-LM 図を使ってその過程をみてみよう。**図 8-5** では，政府支出が
G_1 の時の IS 曲線を IS_1 (G_1) とすれば，このときの均衡は e_1 であり，国民
所得と利子率はそれぞれ Y_1 と r_1 である。政府支出が G_2 に増加すると均
衡点はどうなるのか。IS 曲線が IS_1 (G_1) から IS_2 (G_2) へとシフトし均衡
点は e_1 から e_2 に移行する。すなわち，均衡国民所得は Y_1 から Y_2 に増加
し，利子率は r_1 から r_2 へと上昇している。

　しかし，ここで政府支出が G_1 から G_2 に増加しても利子率が上昇しな
かったならば国民所得は Y_3 まで増加していたはずである。しかし，利
子率が上がったために投資が抑制されて国民所得は Y_3 ではなく Y_2 まで

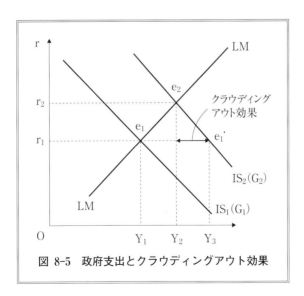

図 8-5　政府支出とクラウディングアウト効果

減少している。このように政府支出が増加すると利子率が上昇することによって投資が抑制されることを**クラウディングアウト効果**という。

　ではどうして政府支出が増加すると利子率が上昇するのだろうか。次のように考えてみよう。政府は政府支出を増やしたいと思っている。そのためには資金が必要になるので，政府は国債を発行して資金調達することを決定したとする。政府が国債を発行して資金を集めたいと思ったら，国債の額面金額を下げて利回りを他の債券の利子率よりも有利にして売らなければならないだろう。たとえば，10円の配当を約束する額面100円の国債を90円で売るとすれば，国債の利回りは11％強になる。利回りが高くなれば，これまで民間企業の債券に投資していた投資家は国債を購入するようになるので，民間企業に貸し付けられる資金は少なくなって民間部門での資金獲得競争は激しくなり，利子率が上昇する。利子率の上昇によって投資をあきらめる企業が出てくる。それゆえ，政府支出の増加は民間投資を抑制することになるのである。

　ちなみに，政府が金融政策と財政政策をうまく組み合わせることによってクラウディングアウト効果を相殺させることができれば，拡張的な財政政策をより効果的に実行することができる。図には示していないが，IS 曲線を IS_2（G_2）へシフトさせると同時に，LM 曲線を右方へとシフトさせることによって利子率を r_1 に維持したままで国民所得を Y_1 から Y_3 へと増大させることができる。

第3節　金融政策と財政政策の有効性

　では，財政政策や金融政策はどこまで有効なのであろうか。その可能性と限界を理論的にみてみよう。

1．金融政策の有効性

まず，金融政策の有効性を分析する。金融政策は市中の貨幣量をコン

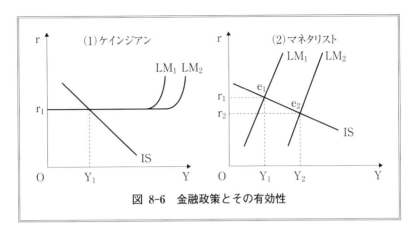

図 8-6 金融政策とその有効性

トロールすることによって総需要を管理して完全雇用*水準に維持することを目的にしている。金融政策がどの程度有効に機能するかは(1)貨幣供給の変化が利子率を変化させる程度と(2)利子率の変化が投資に及ぼす程度の2つの条件に依存する。もし貨幣供給を増加させても利子率が変化しなければ,投資を誘発させることができないので,金融政策によって国民所得を増加させることはできない。また,たとえ利子率がうまく変動したとしても投資が利子率に反応しなければ,国民所得を増やすことにはならない。

　しかし,これら2つの効果は程度の問題と考えてよい。別の言い方をすれば,実証の問題である。ここでは理論的可能性をみてみよう。**図8-6**の(1)には利子率 r_1 の水準でほとんど水平に近い LM 曲線が描かれている。この場合,貨幣供給量を増やすと LM_1 から LM_2 へと変化するが,国民所得水準が Y_1 の近くではほとんど利子率に影響を与えることができ

　*完全雇用:J.M.ケインズ(1883～1946 年;英)は,失業を(1)自発的失業(働く意欲はありながら現在の賃金水準では低いと考えて,自ら失業している状態),(2)摩擦的失業(141 頁参照),(3)非自発的失業(経済内に労働に対する需要が十分存在しないために発生する失業)の3つに分類し,有効需要の不足からくる(3)非自発的失業がないことを完全雇用と定義した。

ないので，金融政策の効果はほとんどない。図 8-6 の(2)にはかなり垂直に近い LM 曲線が描かれている。貨幣供給量を増やすことで LM 曲線は LM_1 から LM_2 へとシフトし，IS 曲線との交点の e_1 と e_2 の下で利子率は r_1 から r_2 へと低下し，国民所得は Y_1 から Y_2 へと増加している。金融政策は非常に有効である。

　一般に，ケインジアンは図 8-6 の(1)のような LM 曲線を想定しており，金融政策よりも財政政策を高く評価する傾向がある。逆に，マネタリストは図 8-6 の(2)のような LM 曲線を想定しており，金融政策を高く評価する傾向がある。

2．財政政策の有効性

　財政政策は政府支出や税率の変更によって国民所得を増やし，政府支出の乗数効果を通じてさらに国民所得を増やす政策である。しかし，金融市場においては国民所得が増加すると貨幣の取引需要が増加し，利子率を上昇させるので，その分だけ民間投資が押さえ込まれることになる。要するに，クラウディングアウト効果によって影響を受けることになる。クラウディングアウト効果は，国債の発行による利子率弾力性が大きければ大きいほど大きくなるのであるが，実際にこれがどの程度まで反応するかは実証の問題である。理論的には，ゼロのときもあるし，そうでない場合も考えられる。

　一般に，ケインジアンはクラウディングアウトの効果は小さいと考える傾向があり，逆にマネタリストと言われる人たちはこの効果を大きく評価する傾向がある。それは経済政策に対するスタンスを全く変えてしまうことになる。これを**図 8-7** で示せば，IS 曲線は財政支出を増やせばそれだけ右方向にシフトするが，そのとき LM 曲線がどのような形をしているのかによって効果が異なる。図の LM 曲線は縦軸に近いところでは水平で，国民所得水準が大きくなるとともに垂直に近い形になるとすれば，経済が不況で生産能力に余裕があるときには財政政策は利子率

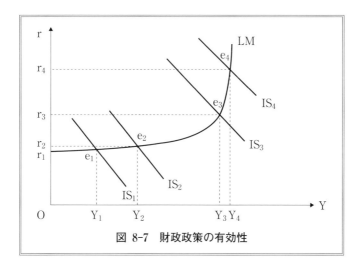

図 8-7　財政政策の有効性

をほとんど上げることなく拡大させることができるが，完全雇用に近く
なると金融市場も逼迫し生産能力にも余裕がなくなるので，わずかな資
金調達でも利子率を引き上げることになる。ケインジアンは財市場や労
働市場は失敗しやすいので市場への積極的な介入をよしとする傾向があ
り，財政政策を積極的に活用しようとする。それに対してマネタリスト
は財市場や労働市場でも市場調整メカニズムは十分に働くので市場に介
入する必要はないと考えており，財政政策よりも金融政策を多用するよ
うに主張する傾向がある。現実問題としては両者の中間に位置している
と考えられる。

練習問題

次の問に答えなさい。消費関数が $C = 100 + 0.8Y$，投資関数が $I = 10 - 100r$，貨幣需要関数が $M^D = 0.8Y - 1000r$，そして政府支出が 20（兆円），貨幣供給が 50（兆円）とする。

問 1 IS-LM モデルを完成させなさい。

問 2 IS 曲線の式を導きなさい。

問 3 LM 曲線の式を導きなさい。

問 4 均衡利子率と国民所得を求めなさい。

問 5 政府支出が 30（兆円）の増加したときの利子率と国民所得を求めなさい。

問 6 もし利子率が 0.2（20%）のままであったら国民所得はいくらになるか。

問 7 利子率上昇による国民所得の減少分はいくらか。そしてこれはなんと呼ばれているか。

トピックV　政府会計の罠―若人よ，報道に惑わされるな!!

　プライマリー・バランスが黒字化しても，国の財政は黒字化しない？

　国の会計には「一般会計」と「特別会計」の2つの会計基準が存在する。政府が審議しているのは「一般会計」の黒字化であり，これとは別に「特別会計」が存在し，こちらも黒字化しなければ政府債務残高は増加するばかりである。

　さらに，地方の財政状況にも目を向ける必要がある。都道府県および市町村の会計も共に赤字で，2018年度末に約200兆円の地方債残高が存在している。

　つまり，長期債務は，国・地方双方に存在するのである。

　では，2008年より少子化の影響で人口減少社会に突入した日本経済は，どのような政策を取れば良いのであろうか？

　本章で学修した⑴財政・金融政策に併せて，⑵税・財政改革，さらに⑶社会保障制度改革を同時に敢行し，バブル経済崩壊以降停滞している「生産性」を向上させることが急務である。

第**9**章　雇用と失業の経済学

はじめに

　この章では労働市場の均衡について理論的に説明する。**労働市場**とは労働力が売買される市場のことである。労働力の買い手は企業である。企業が労働力を購入（一般的には「労働者を雇用する」という）するのはなぜか。商品やサービスを生産して利益を上げるためである。企業が利益あるいは利潤の獲得を目的にして労働者を雇用する行動を**労働需要**という。労働需要は企業利益という目的を実現することから派生する需要であるという意味において「**派生需要**」と呼ばれる。他方，労働力の売り手は家計である。家計は労働力を売って（企業が「雇用する」のと対比で言えば「企業に雇用される」あるいは「企業に就職する」という）所得を得て生活する。要約すれば，労働市場では企業が労働力を需要し，家計が供給する。従って，労働市場を分析するには企業の労働需要行動と家計の**労働供給**行動を説明する必要がある。以下において，第1節では賃金と雇用が決定される過程を，第2節では労働市場の失敗によって**失業**が発生するメカニズムを説明する。

　なお，労働市場における賃金と雇用に決定の説明に入る前に労働市場に関して留意しておかなければならないことが2点ある。第一は労働法による労働市場の規制に関する問題である。労働市場が高度に発達している現代社会では，多くの人は企業に雇われて働いている。企業に雇われて収入を得なければ，生活することができない人が多くなっているので，現代経済社会において雇用は必要にして不可欠の最も重要な社会的

要素であるといってよい。ただし，重要なことは，労働市場で売買されるのは人間の身体ではなく人間がもっている「労働する能力」である，ということである。「労働する能力」は人的資本と呼ばれたり，人的資源と呼ばれたりするが，呼び方はどうであれ，労働するのは人間であり，「労働する能力」は生身の人間に内在していて「労働する能力」だけを切り離して売買することはできないので，雇用された労働者の人権が企業によって侵されることのないように企業の雇用行動は厳しく法律的に制限されている。その基本になるのが労働基準法である。ここに労働市場の大きな特徴がある。以下の分析においては特にこうした制限については言及しないが，労働市場にはさまざまな制約条件があるということに十分に留意して欲しい。

　第二は国民所得と労働市場との関係である。ここには2つの異なる側面がある。ひとつは労働力という生産要素が国民所得の規模を決定するという側面である。すなわち，マクロの労働生産性が一定ならば，労働生産性に労働者数をかけたものが一国の経済規模，GDP になるからである（Y/L×L＝Y）。これはいわば経済の供給サイドにおける労働市場の役割である。もうひとつは有効需要を決定するという側面である。労働者一人当たりの平均賃金が一定であれば，雇用者数が多いほど雇用者の所得は大きくなり，消費も大きくなるので，有効需要は拡大する。いわば，需要サイドである有効需要の決定要素としての労働市場の役割である。以上2つの側面の前者については第10章の経済成長の理論で説明する。

第1節　労働供給

　労働供給の説明からはじめることにしよう。マクロの労働供給量を決定するのは(1)総人口のうち労働市場に参加して仕事をしたいという人の数と(2)かれらの労働時間である。すなわち，次のような式で表すことが

できる。

$$労働供給量＝労働者数×労働時間 \tag{9-1}$$

では労働者数と労働時間はどのように決定まるのか。順次説明すること
にする。

1．総人口と労働力状態

　はじめに労働者数の決定である。**図 9-1** には総人口と労働力状態との
関係が示されている。労働者数とは労働力人口のことである。**労働力人
口**は 15 歳以上人口のうち労働市場に参加する意思のある人の数である。
0 歳から 14 歳人口は中学卒業までは義務教育であることから法律に
よって労働市場に出ることは許されていないので，カウントされていな
い。従って，労働力人口の基礎となる人口は 15 歳以上人口ということ
になる。15 歳以上人口のうち労働市場に参加する意志のない人は非労
働力人口であり，一般には通学する学生，家事に専念する専業主婦（夫），
高齢になって引退する人，病気等で働くことができない人等である。逆
に，労働市場に参加して仕事をする意志と能力のある人は労働力人口で

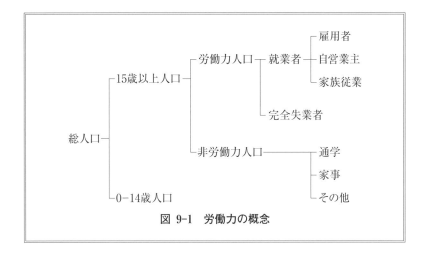

図 9-1　労働力の概念

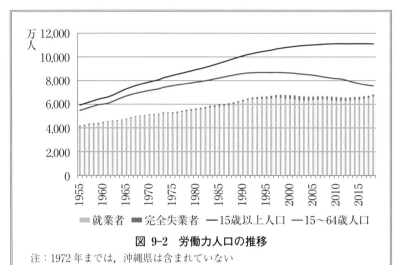

図 9-2　労働力人口の推移

注：1972年までは，沖縄県は含まれていない
出所：総務省統計局「労働力調査」長期時系列データ，表2，表3(1)

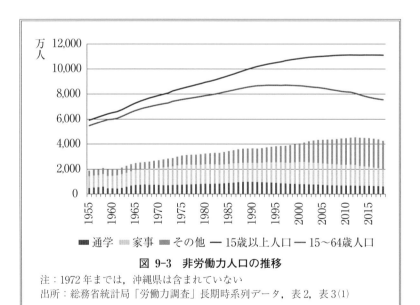

図 9-3　非労働力人口の推移

注：1972年までは，沖縄県は含まれていない
出所：総務省統計局「労働力調査」長期時系列データ，表2，表3(1)

ある。このうち実際に仕事をして収入を得ている人は就業者であり，企業に雇われて働いている人は雇用者，自分で会社やお店や事務所等を経営している人は自営業主，自営業主の家族でその自営業主の営む事業に無給で従事している人は家族従業者である。他方，仕事をする意思も能力もあるが仕事がなくて仕事を探している人は失業者である。

　なお，日本の労働力統計では「**完全失業者**」ということが多いが，これは仕事を探している間ほとんど仕事をしていない失業者という意味である。仕事を探している人のなかには就業したままで仕事を探している人がいる。たとえば，1日8時間で週5日間は働きたいと思っているのに1日3時間で週3日間の勤務しかできないという人は自分のことを失業者として認識しているかもしれないが，統計上は仕事をしている人なので失業者には含めないのである（**図9-2，図9-3**参照）。

2．労働力率の決定

　15歳以上人口に対する労働力人口の割合のことを**労働力率**という。

$$労働力率＝労働力人口÷15歳以上人口（％） \qquad (9\text{-}2)$$

労働力率が決まれば，これに15歳以上人口を掛けると労働力人口が求められる。

$$労働力人口＝労働力率×15歳以上人口 \qquad (9\text{-}3)$$

　では，労働力率はどのようにして決まるのか。労働市場は労働力が売買される市場であり，市場には価格がある。労働市場の価格は**賃金率**である。ここで賃金「率」というのは時間当たり賃金という意味である。ただし，賃金収入は労働者にとっては生活のための所得であるから，その所得の購買力が重要である。**購買力**を表す賃金率の指標は名目賃金率を**物価水準**で割った賃金率であり，これは実質賃金率と呼ばれる。しかし，この章の説明では物価水準は変化しないと仮定して名目賃金率と実質賃金率とを区別しないことにする。

　一般に賃金率が高くなればより多くの人が労働市場に参加するように

なると考えられる。たとえば，賃金率が1時間500円であれば，仕事を
するよりは学校に行ったり，専業主婦として家事をしたりするする方が
よいと考える人が1,000人いるとしよう。もし賃金率が700円に上昇し
たとしたら，どうなるか。この1,000人のなかには「時給が700円なら
家事をするよりは仕事をしたい」と考えるようになる人がいるだろう。
こうした人が50人出てきたとすれば，労働力率はこの50人分だけ高く
なる。さらに，賃金率が1,000円に上昇したとなると，家事よりもあ
いは勉学よりも仕事をした方がよいと考える人の数はさらに増えるだろ
う。従って，労働力率は賃金率が高ければ高いほど働きたいという人が
増えるので，労働力率は高くなる。このように賃金率が上昇すると労働
力率が上昇するという関係を「**労働力率は賃金率の増加関数である**」と
いう。

3．労働時間の決定

　次に，労働時間の決定である。考え方は基本的には労働力率の決定で
説明したのと同じである。すなわち，時給500円ですでに働いている人
が時給700円になったときどうするか，という問題である。時給500円
の時1日5時間働いていた人は700円なら6時間働きたい，1,000円な
ら8時間働きたい，というようにより多くの時間を労働に使うようにな
ると考えられる。従って，労働時間は賃金率が上昇するにつれて増加す
ることになると考えられるので，やはり「労働時間は賃金率の増加関数
である」ということになる。

　以上の労働力率および労働時間と賃金率との関係を図に表したのが**図
9-4**である。横軸に労働供給量（E）を，縦軸に賃金率（W）を測ってい
る。図中に描かれた曲線 S_L（Pop_0）と S_L（Pop_1）は労働供給曲線である。
ここで Pop は15歳以上人口である。曲線が右上がりになっているのは
賃金率が高くなるにつれて(1)労働力率が上昇すること，(2)ひとりの労働
者が供給する労働時間が長くなる，という2つの効果の合成の結果であ

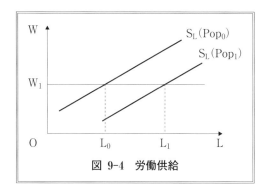

図 9-4 労働供給

る。そして労働供給曲線 S_L（Pop_1）が S_L（Pop_0）よりも右側に位置しているのは S_L（Pop_0）よりも S_L（Pop_1）のほうが人口規模が大きいときである。すなわち，人口規模は Pop_0 よりも Pop_1 の方が大きいので同じ賃金率でもより多くの人が労働市場で働いているということである。要約すれば，賃金率の変化は労働供給曲線に沿った動きを説明し，人口規模の変化は労働供給曲線自体をシフトさせるのである。

第2節 労働需要

企業はなぜ労働者を雇うのか。労働者を雇用すれば，生産量が増加し，利潤も増加すると考えるからである，ということは「はじめに」で述べた。この節では，この質問をさらに一歩進めて，企業は何人雇用するのか。これを順を追って理論的に説明しよう。

1．企業の利潤最大化行動

企業は利潤を最大化するように行動する。では利潤はどのように決まるのか。利潤は売上高から総費用を差し引いた残りである。売上高は価格に販売量（ここでは説明を簡単にするために，生産したものはすべて売れると仮定して，生産量と販売量は同じだと考えることにする。）を掛けた値で

ある。すなわち，1 個 100 円の商品が 100 個売れれば，売上高は 10,000
円である。そして，価格が 100 円のままで商品が 200 個売れたとすれば，
売上高は 20,000 円になる。売上高は，価格が一定ならば，生産量に比例
して増加する。別の言い方をすれば，売上高は生産量の増加関数である
という。

　それでは，生産量を増やすにはどうすればよいか。企業は生産設備を
購入し，労働者を雇い，原材料を購入して商品を生産する。⑴生産設備
についていえば，生産設備の増加には時間がかかるので，経済学では資
本設備は一定であるような期間を短期と仮定して議論する。従って，短
期に生産量を変動させることができるのは労働と原材料であるというこ
とになる。⑵労働量についていえば，労働者が一人増えればそれだけ生
産量も増える。労働者の増加分に対する生産量の増加分の割合のことを
経済学では**労働の限界生産力**という。しかし，労働者が増えても生産設
備は一定なので，労働者が増加するにつれて生産量も増加するが，その
増加量は次第に減少することが経験的に知られている。つまり，限界生
産力は雇用量が増加するにつれて逓減する。これを経済学では**限界生産
力逓減の法則**という。⑶原材料はどのように決まるのか。労働者が生産
する商品 1 単位当たりに必要な原材料の量は技術的に決まっている。た
とえば，自動車には車体は 1 台，ハンドルはひとつ，タイヤは 4 本，エ
ンジンは 1 台等，技術的に決まっている。車体が 1 台しかないのにエン
ジンが 2 台あっても自動車は 1 台しか作れない。逆に，車体があっても
エンジンがなければ自動車は生産できない。労働者がたとえば 1 人で 1
台の自動車を生産するとして，この自動車メーカーに 100 人の労働者が
いるとすれば，この企業は 100 台分の部品を一式で購入しなければなら
ない。もし労働者が 200 人になれば，200 台分の部品を一式で購入しな
ければならない。つまり，原材料費用は労働者の数に比例する。それゆ
え，売上高は労働投入量によって決定されることになる。

　一方，総費用は労働費用，資本費用，原材料費用等からなる。資本費

用は，ここでは短期を考えているので，生産量のいかんにかかわらず一定である。生産量とは独立に発生する費用は**固定費用**と呼ばれる。労働費用は労働投入量（以下では，議論を簡単にするために雇用者 1 人当たりの労働時間は一定であると仮定して，労働投入量の変化は雇用者数の変化と等しいと仮定する。）に賃金率を掛けたものである。生産量の変化に応じて変動する費用は**変動費用**と呼ばれる。原材料費は上述のような理由によって労働投入量に比例するので，これも変動費用である。従って，総費用の変動は労働投入量の変動によって決まってくる。

　ひとつの計算事例を紹介しよう。話を単純にするために総費用は資本費用と労働費用とだけからなるものとしよう。商品の価格は 1 個 100円，資本費用は 10,000 円，賃金率は 2,000 円であるとする。労働投入量と生産量との関係は**表 9-1** のようである。労働投入量は 1 単位のとき生産量は 100 個，2 単位のとき 150 個，3 単位とのとき 195 個，……7 単位のとき 220 個のように変化するものとする。なお，労働投入量を 1 単位づつ増やしていったときの生産量の増加分は労働の限界生産力であり，労働投入量を 1 から 2 に増やしたとき，生産量の増加は 100 個から 150個に増えているので，労働の限界生産力は 50 個である。労働投入量を 5単位から 6 単位に増やすとき，生産量は 240 から増えないのでゼロである。そして 6 単位から 7 単位に増やすと生産量は 240 個から 220 個へと減ってしまうので労働の限界生産力はマイナス 20 個である。

　表 9-1 の売上高は，価格が 100 円であるから，生産量に価格の 100 円を掛けて求める。計算の結果は売上高の欄に示されている。どのように計算されたかは各自計算して確かめてみるとよい。総費用は，資本費用は 10,000 円で固定しているから，これに労働費用を加えて求める。労働費用は労働投入量に依存する。賃金率は 2,000 円であるから，労働者が 1 人のとき労働費用は 2,000 円，2 人のときは 4,000 円，3 人のときは 6,000 円，……そして 7 人のときは 14,000 円である。この労働費用に資本費用を加えて計算した結果が総費用である。これも実際に計算して確

表 9-1　労働投入量，売上高，総費用，そして利潤～ケース 1～

労働投入量	生産量	売上高	総費用	利潤
1	100	10,000	12,000	−2,000
2	150	15,000	14,000	1,000
3	195	19,500	16,000	3,500
4	230	23,000	18,000	5,000
5	240	24,000	20,000	4,000
6	240	24,000	22,000	2,000
7	220	22,000	24,000	−2,000

かめてもらいたい。売上高から総費用を差し引いた値が利潤である。計算結果から労働投入量が 4 単位のとき利潤は 5,000 円で最大になる。労働量がそれ以下でもそれ以上でも少なくなる。従って，利潤を最大にしようとする企業は 4 人の労働者を雇用する。

2．賃金率の変化と雇用

それでは，賃金率が低下したとしたらどうなるか。たとえば，賃金率が 2,000 円ではなく，極端な例になるが，500 円だったらどうなるか。製品価格は 100 円のままであるから，**表 9-1** の労働投入量，生産量，そして売上高は変わらない。総費用が違ってくる。資本費用は 10,000 円のままであるが，労働費用が大きく低下して利潤が増加する。そして利潤が最大になる労働投入量も 4 単位から 5 単位へと増加している。これは**表 9-2** に整理してあるので**表 9-1** と対比しながら参照されたい。

この説明から賃金率が低下すると企業が雇用しようとする労働量は増加することが理解されたと思う。

図 9-5 は 2 つの部分から構成されている。上段は縦軸に売上高と総費用，賃金費用，および資本費用を測り，横軸には労働投入量を測っている。縦軸の K 点は資本費用であり，労働投入量とは独立である。この

表 9-2 労働投入量，収入，費用，そして利潤〜ケース2〜

労働投入量	生産量	売上高	費用	利潤
1	100	10,000	10,500	−500
2	150	15,000	11,000	4,000
3	195	19,500	11,500	8,000
4	230	23,000	12,000	11,000
5	240	24,000	12,500	11,500
6	240	24,000	13,000	11,000
7	220	22,000	13,500	8,500

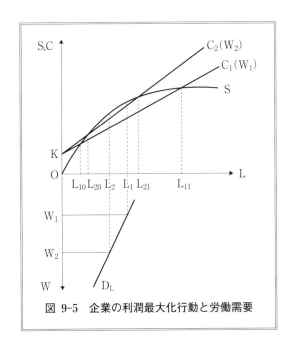

図 9-5 企業の利潤最大化行動と労働需要

K 点から右上がりの直線 C_1（W_1）と C_2（W_2）はそれぞれ名目賃金率が W_1 と W_2 のときの労働費用曲線である。原点から出発する曲線 S は売上高曲線である。価格は一定と仮定しているので，生産量が増加すれば，売上高も増加する。しかし，労働投入量が増加するにつれて生産量も増加するが，労働の限界生産力が低下するので，すなわち労働投入量が増えるほどには生産量は増加しなくなるので，売上高も増加しなくなる。そのために売上高曲線は曲線になる。

　以上，売上高と総費用の特徴について説明した。次に，これら2種類の曲線を使って利潤がどのようになるのかをみてみよう。賃金率が W_1 のときの説明から始めよう。費用曲線 C_1（W_1）と収入曲線 S が交わる点は利潤がゼロのときである。利潤ゼロの点は労働の投入量が L_{10} と L_{11} の2点である。L_{10} より左側そして L_{11} より右側は利潤がマイナスであり，利潤を最大にする領域ではない。利潤は L_{10} から労働投入量を増加させて右に移動するにつれて次第に増加するが，L_{11} までくるとゼロになってしまう。従って，利潤が最大になる領域は L_{10} と L_{11} の中間にある。図では労働投入量が点 L_1 のときに最大になる。この点が名目賃金率が W_1 の下で利潤が最大になる雇用量である。これを最適雇用量と呼ぶ。

　次に，賃金率が上昇する場合を考えてみよう。賃金率が W_1 から W_2 へと上昇した場合を考えよう。賃金が上昇すると，同じ労働量により多くの賃金費用を支払わなければならないので，費用曲線はこの場合には C_1（W_1）から C_2（W_2）へと左上方へ逆時計回りで回転する。その結果，利潤がプラスになる領域は労働の投入量が L_{20} と L_{21} という狭い範囲に限られてくる。そして利潤が最大になる点は L_2 になる。図から明らかように，最適雇用量は L_2 のほうが L_1 よりも小さくなっている。賃金率が上昇すると最適雇用量は減少することが理解されよう。

　下段の図の説明に移ろう。この図は縦軸に賃金率を，横軸には労働投入量を測っている。賃金率が W_1 のとき，上段の図で示したように，最適雇用量は L_1 であり，賃金率が W_2 のときは L_2 である。これら2つの点

を結ぶと賃金率と最適雇用量との間には右下がりの曲線で描かれるような関係があることがわかる。下段の曲線 D_L がこれである。この賃金と労働量との関係を表したのが労働需要曲線 D_L である。

第3節　労働市場の均衡：雇用の決定

さて，以上で労働市場の売り手の行動と買手のそれとの説明が終わった。それぞれは右上がりの労働供給曲線（図9-4）と右下がりの労働需要曲線（賃金が上昇すると最適労働投入量が減少する）（図9-5）として要約することができる（但し，図9-5では，縦軸の下方が賃金水準の高い（$W_1 <$ W_2）ことを示しているため，労働需要曲線は右上がり（逆向き）となっているので注意が必要である）。**図 9-6** には労働の需要曲線と供給曲線が描かれている。2つの曲線が交差する点 e において労働市場は均衡する。ここでは労働需要と労働供給はちょうど等しく，働きたいという人の数と雇用したいという数とが完全に一致しており，労働市場は均衡している。均衡雇用量は L^* で，均衡賃金率は W^* である。

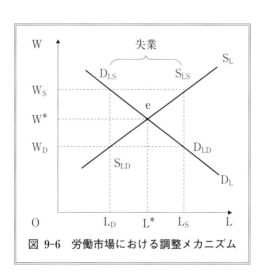

図 9-6　労働市場における調整メカニズム

　もし労働市場が完全であれば，たとえ一時的に均衡が崩れたとしても
やがて均衡水準に戻る。たとえば，賃金水準が均衡賃金水準よりも高い
W_Sにあるときを考えてみよう。このとき労働需要はOL_Dで，労働供給
はOL_Sであるから，労働需要が労働供給を下回っている。労働市場は超
過供給の状態にある。

　労働市場にはたとえ賃金率が低くても仕事が欲しいという失業者がち
またに溢れているので賃金水準は次第に低下する。どこまで低下する
か。均衡賃金水準 W^* が実現するまでである。

　かくして，労働市場が機能していれば，労働市場ではいつも完全雇用
が実現しているはずである。あるいは不均衡の状態にあっても均衡に近
づこうとする力が働くことになる。しかし，労働市場は決して完全では
ない。

第4節　失業の経済学

　この節では，失業問題を経済学の視点から考える。失業は今日のよう
に高度に発達した市場経済においては，雇用が生活の糧を得る最も重要
な手段になっているので，生死に関わる問題であるといっても過言では
ない。そうならないように雇用保険制度が国民に最低限の生活を保障し
ている。それでもやはり失業は人々の脅威であることに変わりはない。
社会学的には，家計の収入が途絶えることで家族関係が不安定になると
かあるいは社会的な地位が失われる等の問題が発生する，あるいは心理
学的には，解雇を言い渡される人の精神的なストレスは離婚や伴侶を
失ったときと同じぐらい大きいと言われている。経済学の視点は少し
違っている。すなわち，失業が問題になるのは経済的資源の不活用によ
る経済的損失が発生するからである。別の言い方をすれば，資源配分の
不効率という**市場の失敗**である。失業に対する評価は多様であるが，基
本的には失業が発生してもそれをコントロールできれば社会的不安は払

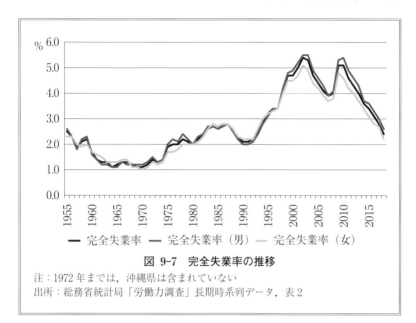

図 9-7　完全失業率の推移

注：1972 年までは，沖縄県は含まれていない
出所：総務省統計局「労働力調査」長期時系列データ，表 2

拭できる。失業の発生メカニズムを解明し，それをコントロールする政策手段を提供することは経済学に与えられた重要な責務であるといってよい。

　本題に入る前に注意しておきたいことがある。失業率は失業の深刻度を表す指標である。日本の失業率は高度成長期には 1％程度であったが，20 世紀後半から 21 世紀には 5％へと上昇した（**図 9-7** 参照）。歴史的にみれば，実に 5 倍に上昇した。しかしながら，欧米の先進国の失業率に比較するとかなり低い水準に止まっている。このことをどのように理解すればよいだろうか。ここでは次のような指摘をしておきたいことがある。失業統計の違いである。失業統計には 2 つの方式がある。ひとつは職業紹介所の求職者による求職者方式である。すなわち，仕事を求めて職業紹介所に登録した求職者数をもって失業者として定義する方式である。ドイツやフランス等が採用する方式である。もうひとつは労働

力調査方式である。これはアンケート票において「現在は仕事に就いておらず，仕事を探すためになんらかの求職活動をしている」人数をもって失業者と定義する。日本やアメリカが採用する方式である。これら2つの方式には次のような違いがあり，日本の失業率の低さはこの方式の違いによるものではないかとの批判もある。(ア)「現在仕事はしているが，できれば転職したい」と考えるひとは労働力調査方式では失業者ではないが，求職者方式では職業安定所に登録していれば失業者になる。だから，労働力方式が低くなるのだという批判である。逆の場合もある。(イ)「現在仕事はしないで仕事を探しているが，職業安定所に登録はしていない」という人は労働力方式では失業者であるが，求職者方式では失業には含まれない。こうした統計方式の違いによる失業率の差についてOECD（経済協力開発機構）の研究によればそれほど大きな差はない。

1．労働市場の失敗

第3節では，労働市場が完全な形で機能している場合，すなわち賃金による労働市場の需給調節メカニズムが機能している場合の労働市場の均衡を説明した。しかし，労働市場が不完全で本来の市場機能を果たすことができないとどうなるのか。たとえば，図9-8 によってみてみよう。賃金が W_2 に固定されているとしたらどうなるのか。賃金による調整が行われないので，失業は長期にわたって持続することになり，失業が社会問題になる。

では，賃金調整機能は即時的に機能するのか。経験的には賃金は下方に硬直的であると言われており，超過需要には比較的敏感に反応するが，超過供給には反応しないと言われている。その理由として次のようなものが指摘されている。

(1)労働組合は好況期には賃上げを要求し，不況期には賃金の引き下げに抵抗する。そして，企業は，労使関係の安定を維持したいので，賃金率の引き下げも行わず，組合員の解雇もできるだけ避けようとする。

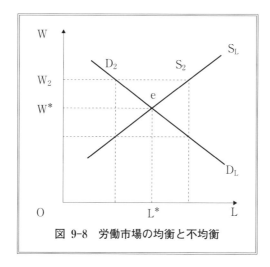

図 9-8　労働市場の均衡と不均衡

　(2)労働者は景気変動の山のとき賃金を引き上げ，谷のとき賃金を引き下げるというように賃金が大きく変動するような雇用契約よりも景気変動に関わりなくできるだけ安定した賃金契約を好む傾向があり，こうした賃金契約の性格のために賃金は変動しない。

　(3)企業は労働市場で成立する均衡賃金よりも高い賃金を提示する傾向がある。理由はいくつかある。①企業は労働者が怠業しないように監視しなければならないが，従業員の数が多くなると常に監視することが難しくなる。そこで，もし怠業を見つけた場合には解雇するという罰則を契約の中に入れておくと同時に他社よりも高い賃金を出すことによって労働者が解雇されたら損だと考えるようにしておけば自発的に怠業を防ぐことができる。②他社よりも賃金が高ければ転職を防ぐことができる。③高い賃金を出しているという評判がたてば有能な人材を採用することができる。④会社がより良い労働条件を出せば労働者はその恩に報いようとして努力するようになる。等である。

　(4)安い賃金でも働きたいという失業者を企業が採用しないのはなぜか。新規の採用には募集費用や訓練費用等がかかる。労働者を解雇すれ

ば，退職金の割増金等の費用がかかる。労働者を解雇すれば，残りの労働者の協力が得られなくなって労働生産性が低下する。

2．国民所得と需要不足失業

図 9-8 で説明したように，労働市場が超過供給の状態にあってかつ賃金が下がらないとすれば，失業は長期にわたって持続し，社会問題が発生することになる。これを政策的に解決するとすればどんな対策が考えられるか。大きくは２つの方策が考えられる。ひとつは賃金政策である。賃金が硬直的であるから失業が発生しているのだとすれば，賃金を硬直化させている原因を取り除いてやればよい。たとえば，労働組合が賃金の引き下げに強く抵抗しているからだとすれば，政府は労働組合が賃金の引き下げに同意するように説得すればよい。しかし，すでに述べたように賃金が下方硬直的になるのは労働者と企業の合理的な行動の結果であるとすれば，賃金政策は非常に難しい。

　もうひとつのやり方は労働需要を政策的に創り出すやり方である。つまり，失業は労働市場が超過供給であるために発生するのであるから，労働需要を創り出してやれば，失業は解消できる。賃金引下げは賃金コストを下げて企業に雇用を増やす誘因を与える方法である。しかし，労働需要を創り出す方法は他にもある。それはマクロ経済学の父と言われるケインズが考えた方法であり，有効需要政策と言われる方法である。

　図 9-9 を参照されたい。２枚の図が描かれている。上の図は IS-LM 分析の図である。下の図は労働市場であり，縦軸に賃金率，横軸に労働量を測っている。図 9-8 と基本的には同じであるが，賃金率が $\overline{W}$ で水平に描かれている点が違っている。これは賃金率が下方に硬直的であることを示している。$\overline{W}e_{L2}S_L$ は賃金率が下方硬直的であるときの労働供給曲線であり，$D_L(Y_1)$ と $D_L(Y_f)$ はそれぞれ国民所得 Y_1 と Y_f に対応する労働需要曲線である。労働供給曲線と労働需要曲線が交差する点 e_{L1} と e_{L2} はぞれぞれ国民所得 Y_1 と Y_f に対応する労働市場の均衡を示してい

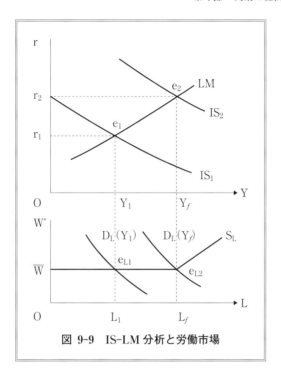

図 9-9　IS-LM 分析と労働市場

る。

　図 9-9 の上の図の e_1 は財市場と金融市場の均衡を示しており，均衡国民所得は Y_1 である。この Y_1 を生産するために必要な労働力は L_1 である。これは完全雇用ではない。賃金率 $\overline{W}$ の下で働きたいと思っている労働者は L_f いるので，$L_1 L_f$ だけ失業が発生している。この失業は総需要が不足しているために発生する失業という意味で**需要不足失業**と呼ばれている。労働市場の均衡とは，完全雇用が実現したときの均衡である。図で言えば，e_{L2} つまり労働量 L_f がそれである。従って，e_{L1} は労働市場が不均衡のままで財市場と金融市場が均衡している。それゆえ，このような均衡は不完全雇用均衡と呼ばれている。もし財政政策と金融政策をうまく使って国民所得を Y_f の水準まで増加させることができれば，労働需

要曲線が右方にシフトして雇用量が L_f まで増やすことができ完全雇用が実現する。ここでは財市場と金融市場と労働市場がすべて均衡している。このような均衡は完全雇用均衡と呼ばれている。マクロ経済学は総需要を管理して完全雇用均衡を作り出すための理論的な装置を考える学問であるといってよい。

3．労働市場の不完全性と失業：摩擦的失業と構造的失業

前項では労働市場で賃金調整機能が働かないときの失業すなわち労働市場が失敗するときの失業発生メカニズムを説明した。しかし，失業は労働市場の賃金調整機能が十全な形で機能したとしても，労働市場が「不完全」であるが故に発生する場合がある。たとえば，(イ)労働者や職務に関する情報が不完全である，(ロ)労働者の地域間あるいは職種間の移動が不完全である，等の理由によって求人があるにもかかわらず就職できずに失業することがある。

1）情報の不完全性と摩擦的失業

労働者の能力に関する情報が不完全なとき企業はどのように行動するだろうか。また，仕事を探している労働者は企業の提示する職務に関する情報が不完全なときどのように行動するだろうか。企業は，労働者を雇うとき果たしてその人がどれほどの能力をもっており，どれほど一生懸命に仕事をしてくれるのか，そしてこの人がどれぐらい会社の利益に貢献してくれるだろうかを知りたい。そのために筆記試験をしたり，面接試験をしたり，あるいは見習い期間をおいたりしてその人に関する情報を得ようとする。労働者は，この会社の賃金は求人票に書かれているのでおおよその検討はつくが将来の昇給やボーナスはどうなるのか，上司はどんな人か，職場の雰囲気はどうか，昇進の可能性はあるのか，退職金や企業年金等の福利厚生はどうなっているのか，等を知りたい。そのために会社訪問をして会社の説明を聞いたり，他社と比較してみたりする。労働市場では企業も，労働者も相手に関する情報が不足している

ので情報収集のために時間を費やさなければならない。このような労働市場における情報の不完全性のために発生する失業は**摩擦的失業**と呼ばれている。

2）移動の不完全性と構造的失業

　次に移動の不完全性による失業を考察する。はじめに地域間移動の困難からはじめよう。労働者は地域に住む住民である。気心の知れた友人や隣人もいる。地域を離れることはこうした無形の資産を捨てることであり，地域を離れることに対する精神的な抵抗がある。また，移動は住居の移動も伴うので移動には時間がかかる。要するに，地域間移動が不完全であるがために失業が発生する可能性がある。たとえば，自動車産業の発達した 2 つの地域を考えてみよう。自動車産業は伝統的に狭い地域に集中する傾向がある。限られた地域に組み立て工場や部品工場が集中することによって輸送費や情報伝達の費用が節約されるという集積の利益が働くからである。H 市にある自動車メーカーは不況で人員整理をしているが，T 市では逆に生産拡大のために労働者を募集しているとしよう。T 市では完全雇用のために人手がなく，人を集めることができない。H 市の工場で働いた熟練工は T 市の工場でも十分にその技能を生かせることが分かっていたとしよう。このとき H 市では失業者が，T 市では未充足求人が発生している。日本経済全体では未充足求人と失業者が共存しており，かつ人や職務に関する情報は十分であったとしても労働者の移動が即座にはできないために失業と求人をマッチングさせることができない。このように求人や求職に関する情報はかなり完全に近い形で存在していても移動の不完全性によって発生する失業は**構造的失業**と呼ばれる。

　構造的失業は移動の不完全性によって発生する失業であるが，それは地域的な移動の不完全性だけを意味するのではない。ICT（情報通信技術）革命のなかで ICT 産業は急速に伸び，伝統的な地場産業は衰退するということが日本各地で起きている。ICT 産業でどのような能力を

もった人材が求められているのかはよく分かっているとする。しかし，地場産業で培ってきた技能がICT産業では生かせないとき，転職のためには職種転換が必要であるが，これが容易にできないとき，職種間移動の不完全のために構造的失業が発生することもある。

3）労働市場の不完全性と完全雇用失業率

摩擦的失業や構造的失業があるとき，労働市場で需要と供給が一致していたとしても，失業が存在する。とすれば，完全雇用をどのように定義すればよいだろうか。労働市場の均衡は労働需要と労働供給が一致してる状態であるから

$$労働供給＝労働需要 \tag{9-4}$$

である。労働供給は現在仕事に就いて働いている人（＝雇用者）と労働市場に参加しているが仕事がなくて求職活動している人（＝失業者）から構成されているものと定義する。労働需要は企業が必要とする総雇用者数のうちすでに雇用している人（＝雇用者）と必要であるにもかかわらず未だ充足されていない求人数（＝未充足求人）とから成ると定義する。このとき労働市場の均衡は次のようになる。

$$労働供給＝労働需要$$
$$（雇用者＋失業者）＝（雇用者＋未充足求人）$$
$$失業者＝未充足求人 \tag{9-5}$$

労働市場が不完全であるとき，労働市場の均衡条件は失業者数と未充足求人件数とが等しくなるときとなるのである。それゆえ，完全雇用は失業者がゼロの状態ではなく，労働市場の需給均衡状態であると定義するならば，完全雇用と両立する失業率が存在することになる。それは次のようになる。

$$完全雇用失業率 \equiv 失業者 \div （雇用者＋失業者）$$
$$\equiv 未充足求人 \div （雇用者＋失業者） \tag{9-6}$$

練習問題

問1　図9-1の15歳以上人口と労働力状態について最新のデータを総務省の『労働力調査年報』を使って調べなさい。

問2　図9-5を参考にしながら，賃金率が W_1 から W_3 へと低下した場合の最適雇用量を図で示しなさい。

問3　財政政策がどのように完全雇用を実現する過程を図によって説明しなさい。

問4　職種間移動の不完全性による構造的失業を具体例をもって説明しなさい。

問5　完全雇用失業率について説明しなさい。

参考資料：総費用と労働投入量

今，総費用を C，資本費用を a，賃金率を W，労働量を L，生産量を X，生産量 X に必要な原材料一式の量を α，その価格を δ とする。総費用は次のように表せる。

$$C = a + WL + \Sigma(\delta i \alpha i)X \qquad (i = 1, 2\cdots, n)$$

この式を次のように変形すると

$$C = a + WL + (\Sigma(\delta i \alpha i)X/L)\ L$$

ここで $\beta \equiv \Sigma(\delta i \alpha i)X/L$ とすれば，β は労働者1人当たりの原材料投入比率である。

$$C = a + WL + \delta\beta L$$

この式は次のように整理できる。

$$C = a + (W + \alpha\beta)\ L$$
$$C = a + (1 + \alpha\beta/W)WL$$
$$C = a + (1 + \gamma)WL$$
$$C = a + WL$$

ここで $W \equiv (1 + \gamma)W$ である。この式は総費用が労働投入量に比例することを示している。

第10章 経済動学モデル
～インフレーションと
経済成長の経済学～

はじめに

　経済学には静学モデルと**動学モデル**がある。静学モデルとは分析の中に時間的要素を含まないモデルであり，動学モデルは時間的要素を含むモデルである。静学モデルでは与件を変えることによって均衡点がどのように変化するのか知ることができる。たとえば，財政支出を増やすと乗数過程を経て新しい均衡にシフトするが，新たな均衡ではこれまでみてきたように国民所得は増加し，金利が上昇する。他方，動学モデルは与件が変化したとき，経済が新たな均衡にたどり着くまでの過程を分析する。すなわち，どのような過程をへて経済が均衡へと至るのかを分析することによって均衡の可能性を知ることができる。静学モデルはモデルが比較的簡単なので理解しやすいが，動学モデルには数学的知識が欠かせないので理解は難しい。第3章から第9章までは静学モデルを展開してきた。この章では賃金調整関数，期待インフレ・モデル，そして経済成長という動学モデルを紹介する。

第1節　賃金調整関数とフィリップス曲線

1．労働市場の不均衡と非需要不足失業

　失業は労働市場が失敗するかあるいは不完全性なために発生する。失業の発生が労働需要の不足によるのか否かによって需要不足失業と非需

要不足失業とに分けることができ，非需要不足失業は労働市場の不完全性によって摩擦的失業と構造的失業に区分できる。しかし，これは理論上の区分にすぎないことに注意されたい。なぜなら，A さんは需要不足失業者，B さんは摩擦的失業者，C さんは構造的失業者というように個人を特定化するものではないからである。「失業者は 100 人いる」ことは統計的に確認できる。「求人は 50 件である」ことも統計的に確認できる。従って，50 人は労働市場が完全でも就職できないので，需要不足失業者であることは統計的には確定できる。しかし，失業者 100 人は全員50 件の求人への応募資格をもっているので，「この人は需要不足失業者である」と特定することはできない。さらに言えば，100 人の失業者がいるにもかかわらず 50 件の求人が充足されないのはなぜか。労働市場が不完全だから求人と求職者のマッチングがうまくいかないのである。いま，D 地域と E 地域があって，D 地域には失業者が 30 人そして求人が 70 件あり，E 地域では失業者が 70 人そして求人が 30 件あるとすれば，D 地域と E 地域の失業者と求人を合計すると 100 人と 100 件であるから，2 つの地域を合わせた失業と求人は均衡しているが，D 地域は超過需要で E 地域は超過供給である。この地域間の不均衡が構造的失業なのであるが，しかし不況の E 地域の「この人が構造的失業者です」と特定はできない。失業統計から摩擦的失業と構造的失業を別々に計算することはできないので，摩擦的失業と構造的失業をまとめて非需要不足失業と呼ばれる。これは有効需要の不足によって発生する失業と対比するものとしてこのように呼称されている。これは非常に便利な呼称なので本書でもこれを利用することにする。

　需要不足失業は有効需要の不足によって起こるのであるから，有効需要が増えれば需要不足失業は減少するのは当然である。しかし，非需要不足失業も労働市場の需給状態と無関係ではない。たとえば，労働市場が超過需要にあるとき，企業はとにかく人を増やしたいので，採用基準を下げてでも雇用しようとするであろう。従って，求職者は条件の良い

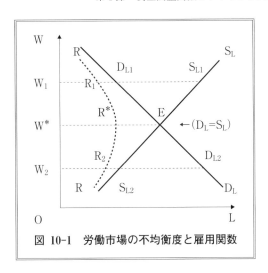

図 10-1　労働市場の不均衡度と雇用関数

雇用先を見つけやすくなるので，摩擦的失業者あるいは構造的失業者は減少する。逆に，超過供給にあるときは，企業は採用人数をできるだけ抑えようとするが，求職中の労働者は希望する雇用条件よりも悪くても就職しようとするので，企業としては優秀な人材を採用しやすくなるので，かなり高い技能要件の未充足求人も不況期だからこそ充足させることができる。あるいは景気が良いときには見向きもされない中小企業でも応募者が来るので，未充足の求人は減少する。このように，需要不足失業も非需要不足失業も労働市場の需給状況によって変動するのである。

　図 10-1 の曲線 D_L は労働需要曲線，曲線 S_L は労働供給曲線である。労働の需要曲線と供給曲線の左側に描かれた弓形状の曲線 RR は**雇用曲線**である。雇用曲線は労働市場が均衡にあるときと不均衡にあるときの実際の雇用の状態を表している。理解を深めるために図中の3つのケースについて説明しておこう。

　はじめに賃金率が W^* の状態をみてみよう。労働需要と労働供給はともに W^*E であり，従って労働市場は均衡している。労働市場で働きた

いと考えている人数と企業が雇いたいと考えている人の数は W^*E であるが，実際に雇用されている労働者数は W^*R^* である。R^*E は労働市場が均衡しているにもかかわらず労働市場が不完全であるが故に発生する失業である。すなわち，非需要不足失業である。すでに定義したように労働市場の均衡と両立する失業率は**完全雇用失業率**である。図の記号では

$$u \equiv R^*E/W^*E \quad (\%) \tag{10-1}$$

と表せる。u は完全雇用失業率である。完全雇用失業率は，労働市場が失業者と未充足求人をより効率的に結合させることができれば，低くなり，逆の場合は逆であるから，労働市場の効率性を表す指標でもある。

　次に，賃金率が W_1 の状態をみてみる。労働供給量は S_{L1} であり，労働需要量は D_{L1} であるから，労働市場は超過供給の状態にある。労働需要は W_1D_{L1} であるが，労働市場が不完全であるために，実際に雇用されている人は R_1 である。従って，労働供給量 S_{L1} と実際の雇用量 R_1 との差が失業である。このうち $S_{L1} - D_{L1}$ は需要不足失業であるから，残りの R_1D_{L1} は未充足求人が存在するにもかかわらず失業している非需要不足失業である。従って，労働市場が超過供給にあるときは需要不足失業と非需要不足失業とが共存する。ただ，このように厳しい雇用情勢のもとでは，企業はたくさんの応募者のなかから優秀な労働者を見つけることが比較的容易にできるので，未充足の求人は均衡状態のときより少なくなる。

　最後に，賃金率が W_2 の状態をみてみる。労働需要量は D_{L2}，労働供給量は S_{L2}，すなわち $D_{L2}>S_{L2}$ であるから，労働市場は超過需要の状態にある。超過需要の大きさは $D_{L2}-S_{L2}$ であるが，実際に雇用されているのは W_2R_2 であるから労働供給と実際の雇用との差 R_2S_{L2} は超過需要であっても生じる失業である。超過需要の状態にある労働市場では，失業は非需要不足失業だけである。ただ，注意して欲しいのは超過需要の状態のときは労働需要が豊富なので労働者にとっては仕事を見つけやすい状態に

あるので，完全雇用失業のときよりも非需要不足失業は少なくなること
である。

　非需要不足失業も労働市場の需給状況と無関係ではないことを理論的
に説明したが，労働市場が超過需要の状態にあるとき非需要不足失業が
完全雇用失業率よりも低くなるという事実は経済政策的には非常に重要
な意味を持つ。なぜならば，政府は政治的意思をもって労働市場に意図
的な超過需要を作り出すことによって失業率を低く抑えることができる
からである。

２．失業率関数

　前項では，労働市場の需給状況と失業率との関係を詳しくみた。そこ
での結論は，失業は労働市場が超過供給のときだけでなく超過需要のと
きにも発生する，というものである。非需要不足失業は労働市場が不完
全であるがゆえに発生する失業であるが，非需要不足失業は一定ではな
く労働市場の不均等度の程度に依存して決まる。労働市場の不均等度は
均衡からの乖離の大きさであるから，次のように定義することができる。

$$X_L \equiv (D_L - S_L)/S_L \tag{10-2}$$

X_Lは労働市場の不均衡度の指標（以下，不均等度と呼ぶ。）である。労働

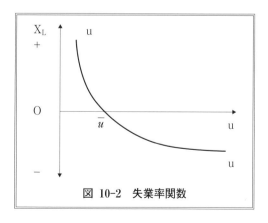

図 10-2　失業率関数

市場の不均等度は超過需要の度合いが大きいほど大きく，均衡ではゼロになり，そして超過供給ではマイナスになる。

　失業率と不均等度との関係をみてみる。上記の議論から失業率は不均等度が高まるにつれて減少することが分かる。しかし，失業率はゼロ以下にはなりえないし，不均等度が高まるにつれて失業率はゼロに近づくであろうが，ゼロになることはないと思われる。このことを考慮して，不均衡度と失業率との関係を図示すれば，**図 10-2** のようになる。図は縦軸に不均等度を，横軸に失業率を測る。なお，失業率は次のように定義する。

$$u \equiv U/L \tag{10-3}$$

ここで u は失業率，U は失業者数，L は労働力人口である。不均等度と失業率との関係は**図 10-2** の右下がりの曲線 uu で示されるが，これを失業率関数と呼ぶことにする。u は，不均等度がゼロのときの失業率すなわち均衡失業率あるいは完全雇用失業率である。不均等度は正すなわち超過需要のときは失業率は完全雇用失業率よりも低くなり，不均等度が負すなわち超過供給のときはそれよりも高くなる。右下がりの曲線を描いたのは(1)超過需要がどんなに大きくなっても失業率はゼロに近づくかもしれないがゼロにはならないであろうということ，そして(2)超過供給になると急速に失業率が高くなることが経験的に知られていることを考慮しているからである。式で表せば，

$$u = U(X_L) \tag{10-4}$$

　なお，失業率の定義から

$$u \equiv (L - E_L)/L$$
$$= 1 - E_L/L$$
$$= 1 - e_L \tag{10-4}'$$

E_L は就業者数，そして $e_L \equiv E_L/L$ である。(10-4)′式は次のように変形できる。

$$e_L = 1 - U(X_L) \tag{10-4}''$$

この式を雇用関数と呼ぶことにすると，図10-1の雇用曲線は（10-4）”式のような雇用関数に変形できる。

3．賃金調整関数

　労働市場の不均等度と失業率との関係は以上のようである。では，不均等度と賃金との関係はどうか。第9章の「雇用と失業の経済学」では賃金は下方硬直的であると仮定した。すなわち，超過供給であっても賃金は下がらないので，失業は減少しない。労働市場は失業問題を解決できないというもが主要な結論であった。

　しかし，これは極端な仮定であろう。もっと現実的な仮定はないだろうか。次のように考えてみよう。労働市場の不均衡すなわち失業は賃金変化によって調整されるが，調整が完了するまでには時間を要する。この時間が非常に短くて労働者が失業して次の仕事に就職するまでに生活に困るようなことがなければ，失業問題は労働市場の賃金調整機能に任せておけばよい。しかし，労働者は仕事がなくても生きていかなければならない。賃金調整機能は働いてはいるが，速度があまりにもゆっくりであれば，失業者は生活に窮することになり，労働市場は失業問題を解決できないということになる。従って，賃金の下方硬直性というのは賃

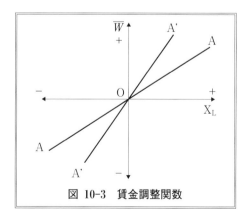

図 10-3　賃金調整関数

金の調整速度の問題であると仮定するのがより現実的な仮定であろう。

　賃金調整機能が効率的に働いているならば，賃金は超過需要のとき上昇し，超過供給のとき低下する。従って，賃金変化率は不均等度が正すなわち超過需要のとき正で，不均等度が負すなわち超過供給のとき負である。そして労働市場が均衡しているときゼロである。賃金の調整速度はどうなるのか。不均衡の度合いが大きいほど賃金調整速度は速くなると考えてよいだろう。超過需要が大きければ，賃金上昇率は速くなり，超過供給が大きければ賃金下落率は大きくなるだろう。従って，賃金変化率は不均衡度に比例する。その関係は**図 10-3** のように描くことができる。縦軸に賃金変化率を，横軸に不均等度を測る。原点を通過する直線 AA と A'A' は共に横軸を右方に移動するにつれて不均等度が大きくなり，不均等度が大きくなるにつれて賃金上昇率が大きくなることを示している。ただし，直線 A'A' は直線 AA よりも不均等度に強く反応している。すなわち，賃金調整速度が速い。一般的には，直線の傾きが垂直に近いほど賃金調整速度は速くなる。その傾きを決めるのは理論ではなく実証経済学の問題である。以上をまとめて数式では次のように表すことができる。

$$\dot{W} = F(X_L) \tag{10-5}$$

　ここで $\dot{W}$ は賃金変化率であり，$\dot{W} \equiv (W_t - W_{t-1})/W_{t-1}$ と定義される。t は時間を表す。これを賃金調整関数と呼ぶ。

4．フィリップス曲線

　さて，失業率関数（10-4）式と賃金調整関数（10-5）式はともに不均等度の関数として表されている。これを連立方程式にするとどうなるのか。まず，**図 10-4** をみてみる。この図は**図 10-2** と**図 10-3** を合体させたものであり，縦軸に賃金変化率を，横軸に失業率を測るように変わっている。右下がりの曲線 PP は失業率が低いとき賃金上昇率が高く，失業率が高いときには低いあるいは低下することを意味している。この曲

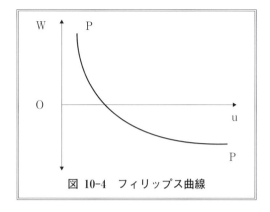

図 10-4　フィリップス曲線

線はこの曲線を発見したフィリップス（A. W.Phillips）ちなんで**フィリッ
プス曲線**と呼ばれている。ただし，ここで留意しておかなければならな
いのは，数学的に言えば，フィリップス曲線は「失業率が低下すると賃
金上昇率が高くなり，失業率が上昇すると賃金上昇率は低くなる」とい
うことではなく，「労働市場が超過需要にあるときは失業率が低く賃金
上昇率は高い。逆は逆である」というように理解しなければならない。

　また，数式的には（10-4）式 $\{u = U(X_L)\}$ を次のように変形する。

$$X_L = g(u)$$

として，これを（10-5）式 $\{\dot{W} = F(X_L)\}$ に代入すると

$$\dot{W} = f(u) \tag{10-6}$$

のようになる。この式を図式化したものが図 10-4 である。

第2節　完全雇用とインフレーションの経済学

　フィリップス曲線は政府が失業率を操作できる可能性を示している。
完全雇用政策は具体的には失業率を政策目標にする。たとえば，「失業
率を3パーセントにしたい」というようにである。政府が目標とする失
業率が完全雇用失業率よりも低い場合，賃金上昇が起こる。賃金が上昇

することはそれ自体が問題ではない。賃金上昇によって労働者世帯の所得が上がりより豊かな生活ができれば国民の福祉は向上するのでむしろ好ましいことである。しかし，賃金上昇は企業の費用圧力となって物価を押しあげて競争力を殺ぐことになるかもしれない。結果として物価が上昇し，家計を圧迫したり経済の国際競争力を低下させる可能性がある。従って，完全雇用政策の目標を高く，つまり目標の失業率を低くすれば，それだけ物価が上昇する可能性が高くなる（逆に物価を安定させようとすると，失業率が高まる）。このように，一方を追求すると他方が犠牲になるような両立しえない経済関係をトレードオフという。

1．賃金上昇と物価上昇

完全雇用と物価上昇との関係をもう少し詳しく理論展開してみよう。まず賃金と物価の関係からみてみる。物価水準は単純に 1 単位当たり賃金費用に一定の利益率を掛けて決定されるものとしよう。

$$P = (1+m)(WL/Y) \tag{10-7}$$

P は物価水準，m は利益率，Y は国民所得とする。利益率は一定としよう。たとえば，単位当たり賃金費用に 20％の利益率を加えるとすれば，$(1+0.2)$ となる。この式を変形して

$$P = (1+m)W/(Y/L) \tag{10-8}$$

とすると，Y/L は労働生産性であるから，これを $\pi(\equiv Y/L)$ とすれば，

$$P = (1+m)\ W/\pi \tag{10-9}$$

これを変化率にすると

$$\dot{P} = \dot{W} - \pi \tag{10-10}$$

$\dot{P}$，$\dot{W}$，そして π はそれぞれ物価，賃金率，そして労働生産性の変化率である。この式を図にしたものが**図 10-5** である。これは基本的には図 10-4 と同じものである。ただひとつ異なるのは労働生産性上昇率 $\dot{\pi}$ が追加されている点である。完全雇用失業率 u を下回る失業率であっても，たとえば u_1 の水準までは賃金上昇は労働生産性の上昇に吸収されて

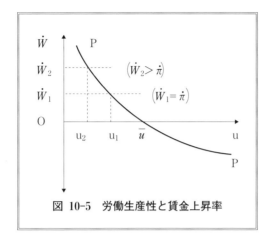

図 10-5　労働生産性と賃金上昇率

物価を上昇させない。しかし，この水準を超えてさらに引き下げる，たとえば u_2 にすると，賃金上昇率が $\dot{W}_2$ であるから労働生産性上昇率 $\dot{\pi}$ を $\dot{W}_2 - \dot{\pi}$ だけ上回るので物価が上昇する。従って，政策目標としての失業率は $\bar{u}$ と u_1 の間であれば物価を上昇させることなく失業率を下げることができる。そして，労働生産性が高くなればなるほど裁量の余地は大きくなる。

2．雇用関数の再考

　賃金調整関数は，労働市場に不均衡があるとき賃金が変動して需要と供給を等しくする。不均衡から均衡へ至るまでの間だけ政策目標としての失業率を完全雇用失業率から乖離させることができる。従って，政府が総需要を管理することによって永続的に実際の失業率を完全雇用失業率から乖離させるには賃金調整速度に合わせて労働市場に不均衡を創り出さなければならないのである。なぜなら，調整速度が速いか遅いかの違いはあるにしても，やがて賃金の変動によって不均衡は解消されるからである。理論的には永続的に政策目標としての低失業率を持続させることはできないことが分かる。

その過程を理論的に整理しておこう。利用するのは**図 10-1** の雇用曲線である。**図 10-6** を参照されたい。この図は基本的には**図 10-1** と同じである。図には労働需要曲線と労働供給曲線がそれぞれ 2 本づつと 3 本の雇用曲線が描かれている。やや複雑であるが考え方は同じである。

　全体を 1 期，2 期，そして 3 期の 3 つの時期に分ける。1 期には労働需要曲線は D_{L1}，労働供給曲線は S_{L1} であり，労働市場の均衡は名目賃金率 W_1 のもとで e_1 である。雇用曲線は E_1E_1 であり，失業は b_1e_1，雇用量は L_1 である。

　次に，政府は失業者を $b_1{}'E_1$ まで減らすために総需要を創出して労働需要曲線を D_{L2} へとシフトさせたとする。労働市場には e_1a の超過需要が発生して失業者が減少している。超過需要があるので賃金は上昇し始める。もし政府が総需要の創出を追加しなければ，賃金上昇に合わせて労働市場の不均衡は調整されて，新たな均衡は点 e_2 において実現される。名目賃金率は W_2 に上昇し，雇用量は L_2 である。新たな均衡では賃金は上昇し，雇用は L_2 へと増えている。

　なぜ雇用は増えるのだろうか。労働生産性が上昇しないとすれば，賃

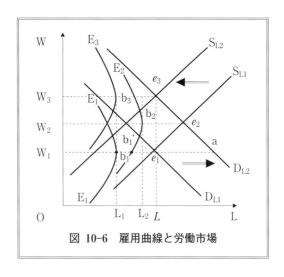

図 10-6　雇用曲線と労働市場

金率が W_1 から W_2 へと上昇したとすれば，物価も同じだけ上昇している
はずである。すなわち，P_1 から P_2 へと上昇しているはずである。従っ
て，実質賃金率は $W_1/P_1 = W_2/P_2$ のはずである。しかし，労働者は名目
賃金率が上がったので実質賃金率も上がっていると錯覚する。すなわ
ち，労働者は実質賃金率は W_2/P_1 だと錯覚している。従って，より多く
の人が仕事に就こうとするのである。

　しかし，やがて労働者は物価が上がっていることに気がつく。もとの
実質賃金率よりも低くなっているので，仕事はしないと考える人が増え
るので，労働供給は減少し始める。従って，労働供給曲線は S_{L1} から S_{L2}
へとシフトする。そうすると賃金と物価とがさらに上昇して新しい均衡
は点 e_3 において実現する。ここでは賃金率は W_2 から W_3 へと上昇して
いる。労働生産性は変化しないとすれば，物価も P_2 から P_3 へと上昇し
ている。その結果，実質賃金率は $W_1/P_1 = W_3/P_3$ である。従って，労働
供給は，1期と変わらないことになる。

　以上のような理論的理由によって，フィリップス曲線は有効需要を継
続的に創り出して，労働市場の不均衡の水準を一定に保たなければ，実
際の失業率を完全雇用失業率よりも低い水準に維持することはできな
い。

3．期待インフレ理論

　M. フリードマン（M. Friedman）という経済学者がいる。シカゴ大学
を中心に活躍したノーベル賞の受賞者である。マネタリストとしても広
く知られている。フリードマンは，フィリップス曲線の理論で主張され
ている完全雇用と物価上昇のトレードオフを否定する議論を展開してい
る。

　図 10-7 を参照されたい。この図は縦軸に物価上昇率を測っている点
がフィリップス曲線と違う点である。図中の曲線 PP は基本的にはフィ
リップス曲線と同じものであるが，次のようにして求められる。(10-10)

式 $\{\dot{P} = \dot{W} - \dot{\pi}\}$ に（12-6）式 $\{\dot{W} = f(u)\}$ を代入すると，

$$\dot{P} = f(u) - \dot{\pi} \tag{10-11}$$

が得られる。これを図にしたのが**図 10-7** である。従って，u は完全雇用失業率，u_1 は物価上昇率がゼロのときの失業率，そして u_2 は政府が目標とする完全雇用に対応する失業率である。フィリップス曲線を前提とする完全雇用と物価安定のトレードオフはケインジアンと呼ばれる人たちが展開する理論であり，経済政策論である。

　フリードマンはこのトレードオフを理論的に否定する。その理論が期待インフレ理論である。その理論は次のようにまとめることができる。完全雇用失業率 u あるいは物価安定と両立する失業率 u_1 よりも低い失業率を達成するためには有効需要を増やし続けなければならない。たとえば，失業率 u_2 を維持するためには物価上昇率 $\dot{P}_2$ と同じ速度で有効需要を創出し続けなければならない。これがケインジアンの考え方である。ケインジアンの考え方では，労働者は物価が P_1 から P_2 へと上昇すれば実質賃金率の物価水準を P_2 に調整することによってもとの水準を回復するが，物価がさらに P_3 へと上昇するとこの物価上昇を予測することができないので，再び錯覚に陥ってしまう。すなわち，労働需要曲線は右

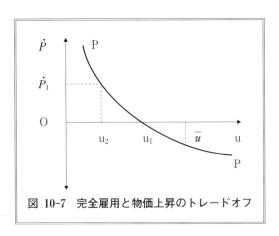

図 10-7　完全雇用と物価上昇のトレードオフ

方にシフトするが労働曲線は物価水準がP_2のままの水準に止まってしまうので，労働市場に超過需要が発生して失業率の低下が発生するのである。こうした錯覚が永続するかぎり，トレードオフ理論は有効である。

　しかし，**期待インフレ理論**によれば，このような錯覚はやがて消えてしまうという。錯覚は一時的には起こるかもしれないが，何度もこうしたことが起これば，労働者はやがて物価上昇をあらかじめ予測するようになる。すなわち，政府がたとえば拡張的な財政政策によって総需要を創り出して失業率を引き下げようとすると，物価水準は現在のP_3からP_4に上昇するが，労働者は学習によってこの物価上昇を事前に予測するようになる。その予測は正しいとしよう。そうすれば，財政政策によって物価を引き上げて労働需要曲線を右方にシフトさせたとしても，物価上昇が事前に予測されていれば労働供給曲線も同時に左方にシフトするようになるので労働市場に超過需要は発生しなくなる。従って，失業率の低下は発生しなくなるのである。期待インフレ論者は，人々は政府の政策的操作の目的を正確に予測するようになると主張しているのである。

　期待インフレ論者はさらに議論を先に進めて，もしトレードオフが存在するとすれば，次のような場合であると主張する。財政政策による総需要創出が人々の予測を超える大きさであれば，たとえば人々は物価水準はP_3からP_4に上昇するだろうと予測していたとして，予想された物価水準P_4の水準をはるかに超えるP_5の水準まで上昇させることができたとする。すると，労働需要曲線の右方へのシフトが労働供給曲線の左方へのシフトよりも大きくなるので，労働市場に超過需要が発生して失業率の低下が起こる。すなわち，期待インフレ理論によれば，トレードオフが起こるためには予測される物価水準を上回る物価水準の上昇が必要なので，物価上昇は加速度的に上昇すると主張する。

　期待インフレ論者の加速度的なインフレの発生理論は，**図10-8**によって次のように説明できる（図10-8は基本的には図10-7と同じものである）。

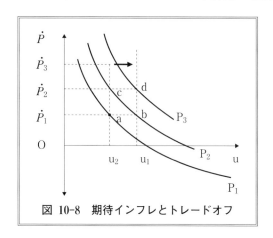

図 10-8　期待インフレとトレードオフ

政府は失業率 u_2 の実現を目標にしているものとする。曲線 P_1 の下ではこの失業率を実現するとき，物価上昇率は $\dot{P}_1$ である。人々はやがてこの物価上昇率を予測して行動するようになる。そうすると曲線は P_2 へとシフトするので，P_1 の物価上昇率では目標の失業率を維持することはできない。政府はさらに物価上昇率を $\dot{P}_2$ に上昇させて目標を実現しようとする。しかし，これもやがて人々の予測する所となり曲線は P_3 へとシフトする。こうしたことが繰り返されるなかで物価上昇率は加速化することになる。これが期待インフレ論者のケインジアンに対する反論である。

　この節の最後に，期待インフレ理論を数学的に説明しておこう。この理論の要点は人々が過去の経験から学習するというものである。すなわち，物価水準は様々な価格の集合を指数化したものであるから，個人は正確に知ることはできない。しかし，同じことが繰り返されるとその変化を先取りするようになる。これが期待である。期待インフレ論者は完全雇用と物価上昇とのトレードオフがあるのはこの期待を超えた変化があるからだと考える。今，期待物価変化率を $\dot{P}^*$ とすれば，先の（10-11）のトレードオフ関数は次のように書き換えることができる。

$$\dot{P} - \dot{P}^* = f(u) - \dot{\pi} \tag{10-12}$$

この式はトレードオフが発生するのは実際の物価上昇率が期待インフレ率を上回る場合，すなわち $\dot{P} > \dot{P}^*$ の場合である。$\dot{P} = \dot{P}^*$ の場合には $\dot{P} - \dot{P}^* = 0$ となるので，トレードオフは生じない。従って，理論的には期待インフレ・モデルはトレードオフ・モデルを $\dot{P}^* = 0$ という特殊ケースとして含むモデルであるということができる。

第3節　経済成長の経済学

1．投資の二重効果：総需要効果と生産力効果

　第5章では投資が利子率の減少関数として表せることを示した。投資とは企業が利益獲得を目的にして工場を建設したり，設備を設置したり，機械や道具を購入したりすることである。なお，最近ではコンピュータ・ソフトを購入したりすることも投資と考えられるようになった。第5章では投資は企業が購入する投資財需要の増加による総需要の増加であるから，投資の乗数効果を通じて投資金額の数倍もの総需要を生み出す。これは投資の総需要創出効果である。

　他方，個別の企業レベルでの投資は，経営学の視点から見ればと言った方がよいかもしれないが，新商品を市場に送り出したり，生産性を引き上げてより良い商品をより安く供給したり，工場や店舗の数を増やして企業規模を拡大したりして利益を得るという行動である。従って，企業にとって重要なのは投資がどれだけの利潤をあげるかということだけである。しかし，マクロ経済学は別の視点から投資に注目する。すなわち，企業の投資行動は経済全体の工場や店舗や事務所の数を増やしたり，その規模を拡大したりするので，結果として生産能力が拡大し，労働生産性が上昇することによって経済が成長するという点に注目する。投資の経済規模の拡大効果は投資の生産力拡大効果と呼ばれる。

投資はすでに述べたように投資計画を立ててから稼働するまでに，すなわち工場の建設計画から本格稼働までにあるいはコンピュータ・ソフトを導入する契約を結んでから実際にシステムが稼働するまでに時間がかかるので，短期的には生産力拡大効果は現れない。それゆえ，経済学では短期には資本設備は一定であると仮定した。投資の生産力拡大効果は生産設備の拡大を意味するので，これは長期を仮定するということである。すなわち，時間とともに経済がどのように成長するのかを分析するのが経済成長論の目的である。ただし，ここで注意すべきことはここでいう時間とは現実の時計が刻む時間のことではない。新しい生産設備が計画されてから稼働するまでの時間である。その意味で経済成長論では「t 期から t + 1 期まで」という言い方をする。

2．ハロッド＝ドーマー・モデル

以上のことを整理すると，投資がなければ，経済は総需要が不足して停滞してしまう。しかし，投資によって資本設備は増加し，あるいは設備能力が改善するので，生産力は増加する。生産力が増加すれば，それに見合った総需要の増大が生まれてこなければ，経済は総需要の不足によって不況に陥ってしまう。投資のもつ総需要創出効果と生産力拡大効果という投資の二重効果に最初に注目して経済変動の理論にしたのはハロッドとドーマーである。かれらの理論は**ハロッド＝ドーマー・モデル**と呼ばれ，近代経済成長論の嚆矢といわれている。その特徴は次のとおりである。マクロ経済モデルにおける財市場の均衡条件は

$$\left\{\begin{array}{lll} \text{供給条件} & Y^S = C + S & \text{(10-13)} \\ \text{需要条件} & Y^D = C + I & \text{(10-14)} \\ \text{均衡条件} & Y^S = Y^D & \text{(10-15)} \end{array}\right.$$

ここから次の均衡条件が得られる。

$$I = S \tag{10-16}$$

ここで貯蓄は，貯蓄率（s）が一定とすれば，$S = sY$ であるから

$$I = sY \tag{10-17}$$

定義によって投資は資本の増加分であるから $I \equiv \Delta K$ である。
(10-17)式の両辺を資本ストックの K で割ると

$$\Delta K/K = \dot{K} = sY/K \tag{10-18}$$

なお，以下変化率は $\Delta K/K = \dot{K}$ にならって，ドット（・）で表わす。資本蓄積率と貯蓄率に資本の生産性（Y/K）を掛けたものが等しくなる。資本蓄積がこの速度（sY/K）であれば，財市場の均衡が保証される。これは**保証成長率**と呼ばれる。

しかし，財市場の均衡を保証する保証成長率の下で労働市場の均衡すなわち完全雇用は実現できるのだろうか。労働力率は 15 歳以上人口の内労働市場に参加する人の割合である。従って，労働力率が一定ならば，労働力人口増加率は 15 歳以上人口増加率に等しくなる。

$$P_L = L/P \tag{10-19}$$

L は労働力人口，P_L は労働力率，P は 15 歳以上人口である。P_L が一定とすると，$L = P_L P$ であり，その変化率は

$$\dot{L} = \dot{P}_L + \dot{P} \tag{10-20}$$

P_L は一定であるから，$\dot{P}_L = 0$ となるので，

$$\dot{L} = \dot{P} \tag{10-21}$$

となる。この労働力人口の増加に労働生産性変化率を掛けると完全雇用と一致する総供給側からの経済成長率が得られる。

$$Y = L_P L \tag{10-22}$$

$L_P (\equiv Y/L)$ は労働生産性である。変化率にすると

$$\dot{Y} = \dot{L}_P + \dot{L} \tag{10-23}$$

この総供給サイドからの経済成長率は人口増加率と労働生産性上昇率とによって決定される。これは自然成長率と呼ばれる。

総需要サイドからの保証成長率と総供給サイドからの自然成長率が等しければ，財市場と労働市場が同時に均衡する。すなわち，投資の総需要創出効果（$\dot{K}$）と生産力創出効果（$\dot{L}_P + \dot{L}$）とが等しくなるには

$$\dot{K} = \dot{L_P} + \dot{L} \tag{10-24}$$

この条件を満たす成長率は**均斉成長率**と呼ばれる。

　ハロッド＝ドーマー・モデルでは保証成長率は企業の投資行動によって決まり，自然成長率を構成する労働生産性の変化率は生産技術の変化によって決まり，労働力人口変化率は人口増加率によって決まる。それぞれの変数は全く別の世界で決定されるので，均斉成長率の実現を自動的に実現するような経済メカニズムはないというのがハロッド＝ドーマー・モデルの結論である。$(\dot{K}) > (\dot{L_P} + \dot{L})$ の時，総需要の成長率が総供給のそれを上回るので，物価上昇が発生し，$(\dot{K}) < (\dot{L_P} + \dot{L})$ ならば，総需要よりも生産能力の成長率の方が大きいので，慢性的に失業が発生する。経済は非常に不安定であり，それゆえに総需要政策によって経済を管理する必要があるというのがハロッド＝ドーマー・モデルの結論である。

3. 新古典派経済成長理論

　ハロッド＝ドーマー・モデルでは供給側と需要側のギャップを調整する機能が考慮されていないために経済は不安定になりやすい。これに対して経済には需給ギャップを調整する機能が備わっていると主張する理論がある。それが新古典派経済成長理論である。その特徴をみておこう。

　新古典派経済成長モデルの最大の特徴は次のような生産関数を導入することである。すなわち，一般的な生産関数は

$$Y = F(K, L) \tag{10-25}$$

である。関数は 1 次同次であると仮定すれば，

$$Y/L = F(K/L, 1) \tag{10-26}$$

$$y = f(k) \tag{10-27}$$

$$Y = yL = f(k)\ L \tag{10-27}'$$

ここで，$y \equiv Y/L$，そして $k \equiv K/L$ である。(10-27)′式は資本と労働の組合せを変えることによって産出量 Y を変えることができること

を意味している。換言すれば，このモデルは資本と労働の組合せを変えることができるような生産技術が存在するような経済を前提にしている。この組合せを決定するのは企業である。企業が資本と労働を自由に組み替えることができるのならば，資本と労働の価格を見ながら最適な資本と労働の組合せを見つける。資本の価格である利子率と労働の価格である賃金率はぞれぞれ資本市場と労働市場で決定されるので，これら2つの市場が機能していれば，財市場と金融市場と労働市場が同時に均衡するような成長率が実現できる。これが**新古典派経済成長理論**の基本的な結論である。結論までの過程をハロッド＝ドーマー・モデルと対比しながら見ておこう。

(1)財市場の均衡は，(10-16) 式と (10-17) 式は同じである。

$$I = S \tag{10-16}$$

$$I = sY \tag{10-17}$$

ここで，Y に (10-27)' 式を代入して変形すると

$$S = (sY/L)L = sf(k)/(K/L)L = (sf(k)/k)K \tag{10-28}$$

となり，これを (10-16) 式に代入すると

$$I = (sf(k)/k)\ K \tag{10-29}$$

$$I/K = sf(k)/k \tag{10-30}$$

また，投資は定義により資本の増加分 ($I = \Delta K$) であるから

$$\dot{K} = sf(k)/k \tag{10-31}$$

これは保証成長率であるが，ハロッド＝ドーマー・モデルと違っているのは変更可能な変数 k が導入されていることである。

(2)次に，自然成長率である。これもハロッド＝ドーマー・モデルと同じである。すなわち，$\dot{L_P} + \dot{L}$ である。ここで $r \equiv \Delta L_P/L_P +$ そして $p \equiv \dot{L}$ と書くことにすると，自然成長率は

$$n = r + p \tag{10-32}$$

となる。あるいは技術進歩による労働生産性の上昇がなければ，n = p となる。

(3)以上から均斉成長率は

$$p = sf (k)/k \qquad\qquad (10\text{-}33)$$

　この式を pk＝sf(k) のように変形して図にしたのが**図 10-9** である。縦軸に労働生産性を，横軸に資本・労働係数を測っている。2 本の線は自然成長率 pk と保証成長率 sf(k) を描いている。交点 e は均斉成長率であり，労働生産性は y，資本・労働比率は k である。k より左では保証成長率が自然成長率よりも高いので資本ストックの方が人口増加率よりも高いので，資本価格が賃金率よりも低くなるので，企業は相対的に安い資本をより多く使うようになるので k は増加する。逆に，k の右側では自然成長率が保証成長率を上回っており，資本ストックよりも人口増加率が高いので，賃金率は相対的に下がる。企業は安い労働力を多く使おうとするので，k は減少する。このように長期的には資本・労働比率が利子率と賃金率の変化によって均斉成長率が実現されることになる。新古典派経済成長モデルでは市場の調整メカニズムによって経済は自動的に安定するので，政策的な介入は必要がないという結論が導かれる。

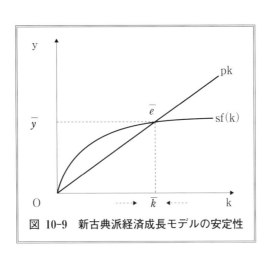

図 10-9　新古典派経済成長モデルの安定性

練習問題

　問 1　労働市場の需給関係と雇用曲線との関係を理論的に説明しなさ
　　い。

　問 2　フィリップス曲線がもつ政策的含意について説明しなさい。

　問 3　期待インフレとはなにか。その効果をフィリップス曲線を用い
　　て説明しなさい。

　問 4　完全雇用と物価安定のトレードオフに関するケインジアンとマ
　　ネタリストの意見の違いを述べよ。

トピックⅥ　消費税が上がると物価も上がる？

　消費税増税1%につき，その三分の二ほど物価が上昇するとされる。では，消費税を上げれば，政府の掲げる物価上昇率2%目標は達成出来るのであろうか？

　消費税増税による物価の上昇は，実質的な物価上昇と区別する必要がある。つまり，消費税増税による物価上昇分を除いた上で，どれだけ物価が上昇したのかを見るのである。

　筆者は，今回の2%分の増税では，軽減税率が導入されていることから，定説の半分程度（0.6%？）の押し上げ効果があると予想している。

索　引

著者紹介

吉 田 良 生 (よしだよしお)

　　元 椙山女学園大学現代マネジメント学部教授

補訂者紹介

鈴 木 雅 勝 (すずきまさかつ)

　　城西大学経済学部准教授

マクロ経済学入門〔補訂版〕

2011 年 9 月 1 日　初　版　　第 1 刷発行
2020 年 2 月 1 日　補訂版　　第 1 刷発行

著　　者　吉　田　良　生

補 訂 者　鈴　木　雅　勝

発 行 者　阿　部　成　一

〒 162-0041　東京都新宿区早稲田鶴巻町 514 番地

発 行 所　株式会社 成 文 堂

電話　03(3203)9201(代)　Fax(3203)9206

製版・印刷・製本　三報社印刷

定価(本体 1900 円＋税)